Sabine Weidtmann-Neuer

EG-Dienstleistungsrichtlinie

Sabine Weidtmann-Neuer

EG-Dienstleistungsrichtlinie

Hintergrundwissen für die Verwaltungspraxis

inkl. CD-ROM mit Vorschriften

1. Auflage 2009

Abgeschlossen nach dem Rechtsstand vom 15.07.2009

Luchterhand 2009

Bibliografische Information der Deutschen Nationalbibliothek
Die Deutsche Nationalbibliothek verzeichnet diese Publikation in der Deutschen Nationalbibliografie; detaillierte bibliografische Daten sind im Internet über **http://dnb.d-nb.de** abrufbar.

ISBN 978-3-472-07652-0

www.luchterhand-fachverlag.de
www.wolterskluwer.de

Luchterhand – eine Marke von Wolters Kluwer Deutschland.

Satz: RPS Satzstudio, Düsseldorf
Umschlag: Martina Busch, Grafikdesign, Fürstenfeldbruck
Druck: Wilhelm & Adam, Heusenstamm
Printed in Germany, 2009

∞ Gedruckt auf säurefreiem, alterungsbeständigem und chlorfreiem Papier.

Vorwort

Diese Broschüre soll die wesentlichen Aspekte der EG-Dienstleistungsrichtlinie[1] vermitteln sowie die notwendigen **nationalen** Umsetzungsmaßnahmen darstellen. Wer sich eingehender mit der Thematik befassen möchte, findet anhand der Literaturangaben bei den Vertiefungshinweisen (Ziff. 3) genügend Material, um sich insgesamt oder für Teilbereiche intensiver der Angelegenheit zu widmen.

Die EG-Dienstleistungsrichtlinie bringt in Deutschland einiges in Bewegung. Hinsichtlich der Verwaltungsverfahren wird gar von einem Paradigmenwechsel gesprochen. Es ist demnach ein spannender Prozess für alle Beteiligten, für die Dienstleistungserbringer, die Verbraucher sowie die Verwaltungsmitarbeiter. Nach der Lektüre dieser Druckschrift wird vieles klarer sein.

Damit Sie diese Broschüre auch intensiv nutzen können, haben Autorin und Verlag sich dazu entschlossen, eine CD-ROM mit den für die EG-Dienstleistungsrichtlinie interessanten Richtlinien und Vorschriften (Richtlinie 2002/92/EG über Versicherungsvermittlung, Richtlinie 2005/36/EG über die Anerkennung von Berufsqualifikationen, den EG-Vertrag, das Verwaltungsverfahrensgesetz sowie natürlich die Richtlinie 2006/123/EG über Dienstleistungen im Binnenmarkt) beizulegen. Diese finden Sie eingeklebt auf der letzten Umschlagseite.

Der Verlag und die Autorin hoffen sehr, dass sich die Broschüre und die CD-ROM zu einem wertvollen Arbeitsmittel für Sie erweisen.

Köln, im August 2009

Sabine Weidtmann-Neuer
Autorin

Wolters Kluwer Deutschland GmbH
Verlagsgruppe Recht

---

1 Wird umgangssprachlich häufig als <u>EU</u>-Dienstleistungsrichtlinie benannt, rechtlich korrekt ist jedoch die Bezeichnung <u>EG</u>-Dienstleistungsrichtlinie.

Inhaltsverzeichnis

1. Einführung

Die als EG-Dienstleistungsrichtlinie – DLRL – bezeichnete Richtlinie 2006/123/EG des Europäischen Parlaments und des Rates vom 12. Dezember 2006 über Dienstleistungen im Binnenmarkt (ABl. EU Nr. L 376 S. 36) oder auch Bolkestein-Richtlinie – nach dem früheren Entwurf des ehemaligen EU-Binnenmarkt-Kommissars Frits Bolkestein – ist ein Bestandteil der sog. **Lissabon-Strategie**. Dieses auf einem Sondergipfel der europäischen Staats- und Regierungschefs im März 2000 in Lissabon verabschiedete Programm hat zum Ziel, die EU innerhalb von zehn Jahren, also schon bis 2010, zum wettbewerbsfähigsten und dynamischsten wissensgestützten Wirtschaftsraum der Welt zu machen, der dann zur Erzielung eines dauerhaften Wirtschaftswachstums mit mehr und besseren Arbeitsplätzen in der Lage ist. Die DLRL soll dazu die Beschränkungen für die Entwicklung von Dienstleistungstätigkeiten zwischen den Mitgliedstaaten beseitigen, einen ausgewogenen und nachhaltigen wirtschaftlichen und sozialen Fortschritt fördern und somit zum stärkeren Zusammenwachsen der Völker Europas beitragen. Zugleich entsteht durch die Richtlinie ein **neuer Ordnungsrahmen** für Dienstleistungstätigkeiten im europäischen Binnenmarkt.

Bei der DLRL ist vor allem **zu unterscheiden** zwischen der **Niederlassungsfreiheit eines Dienstleistungserbringers** (Art. 9 bis 15 DLRL) und dem **freien Dienstleistungsverkehr** (Art. 16 bis 21 DLRL). Für den freien Dienstleistungsverkehr gelten nämlich noch neben Art. 2 Abs. 2 und 3 DLRL ergänzende Ausnahmetatbestände (im Einzelnen unter Ziff. 4.1).

Die DLRL wurde im Entwurfsstadium von einer breiteren Öffentlichkeit hauptsächlich im Zusammenhang mit den kontroversen Diskussionen über das **Herkunftslandprinzip** wahrgenommen. Nach dieser Maxime sollte ein Dienstleistungserbringer – von bestimmten abschließend definierten Ausnahmen abgesehen – seine Tätigkeit entsprechend der Regelungen seines Niederlassungsstaates auch in anderen Mitgliedstaaten der EU ausüben dürfen. Das Herkunftslandprinzip ist in der verabschiedeten Fassung der DLRL durch das **Prinzip des freien Dienstleistungsverkehrs** ersetzt worden. Demzufolge bestimmt Art. 16 Abs. 1 DLRL, dass die Mitgliedstaaten das Recht der Dienstleistungserbringer achten, Dienstleistungen in einem anderen Mitgliedstaat als demjenigen ihrer Niederlassung erbringen zu dürfen. Dem Bestimmungsland werden dabei aber Maßnahmen zugebilligt, die die Dienstleistungsfreiheit einschränken können, sofern diese den Grundsätzen der Nicht-Diskriminierung, der Erforderlichkeit und der Verhältnismäßigkeit genügen.

Die DLRL bedarf der **Transformation in nationalstaatliches Recht,** denn sie richtet sich als EG-Richtlinie mit der Verpflichtung an die Mitgliedstaaten, bestimmte, näher definierte Ziele zu verwirklichen. Nur ausnahmsweise wirkt eine EG-Richtlinie unmittelbar für die Gemeinschaftsbürger, wie dies etwa bei der Pauschalreiserichtlinie (Richtlinie des Rates vom 13. Juni 1990 über Pauschalreisen – 90/314/EWG; ABl. EG 1992 Nr. L 158) durch die Rechtsprechung anerkannt wurde.

Nach der ständigen Rechtsprechung des Europäischen Gerichtshofs ist die Umsetzung von Richtlinien **in effektiver Weise** unter folgenden Prämissen **zu gewährleisten**:

1. die Bestimmungen der Richtlinie werden von der Verwaltung auf allen Ebenen angewendet,
2. die nationalen Umsetzungsregelungen müssen hinreichend klar und bestimmt sein und
3. dem Einzelnen müssen die Rechte aus der Richtlinie klar werden.

Die für die DLRL geltende **Umsetzungsfrist bis Ende 2009** wird dazu führen, **Prioritäten** zu setzen, obwohl die Regelungen der DLRL eine strukturelle Neuausrichtung der Verwaltungen nahelegen würden. Dieses Vorgehen ist aber angesichts des ohnehin schwierigen Umsetzungsprozesses, der sich durch die föderale Struktur Deutschlands noch komplexer darstellt, ohne Alternative, zumal dabei noch der Anspruch besteht, alle obligatorischen Vorgaben der DLRL möglichst zweckmäßig und ohne systematische Verwerfungen in das geltende Regelungssystem einzufügen. Das Mandat zur **Gesamtkoordinierung** der Umsetzung der DLRL hat die Bundeskanzlerin gemeinsam mit den Ministerpräsidenten der Länder am 19.12.2007 dem Bundesministerium für Wirtschaft und Technologie und der Wirtschaftsministerkonferenz (WMK) übertragen.

Die DLRL soll wie schon zuvor erwähnt dazu beitragen, einen einheitlichen Binnenmarkt im Bereich der Dienstleistungswirtschaft zu schaffen. Diese Zielsetzung schließt **nicht** ein, die Vorgaben der DLRL auch auf innerstaatliche Sachverhalte anzuwenden. Es wäre im Sinne einer 1:1-Umsetzung[2] ausreichend, wenn lediglich grenzüberschreitende Dienstleistungserbringer die Neuerungen durch die DLRL in Anspruch nehmen könnten. Die wissenschaftliche Auseinandersetzung um die dadurch faktisch entstehende **Inländerdiskriminierung** kann dahinstehen, da sich die WMK zugunsten einer Erstreckung der DLRL auf inländische Dienstleistungserbringer ausgesprochen hat (Beschluss vom 4./5. Juni 2007 zu TOP 2.2, Nr. 2). Für diese Entscheidung, ein **für alle Dienstleistungserbringer einheitliches Recht** zu konzipieren, sprechen sowohl rechts- als auch wirtschaftspolitische Argumente.

---

2 Damit ist gemeint, dass der Normgeber **nicht** über das unabdingbare Minimum hinausgeht. Diese Forderung ist insbesondere im Zusammenhang mit der Umsetzung von EG-Richtlinien über die Gleichbehandlung (2000/43/EG, 2000/78/EG, 2002/73/EG und 2004/113/EG) und dem daraus resultierenden Allgemeinen Gleichbehandlungsgesetz (AGG) vom 14. August 2006 (Bundesgesetzblatt I S. 1897) z. T. von der Politik und in den Medien erhoben worden, nachdem im AGG die Vorgaben der einschlägigen EG-Richtlinien übererfüllt wurden.

2. Richtlinie 2006/123/EG vom 12. Dezember 2006 mit Erwägungsgründen

Richtlinie 2006/123/EG über Dienstleistungen im Binnenmarkt
des Europäischen Parlaments und des Rates vom 12. 12. 2006 (ABl. L 376 vom 27. 12. 2006 S. 36)

Vorspann

Das Europäische Parlament und der Rat der Europäischen Union –
gestützt auf den Vertrag zur Gründung der Europäischen Gemeinschaft, insbesondere auf Artikel 47 Abs. 2 Sätze 1 und 3 und Artikel 55,
auf Vorschlag der Kommission,
nach Stellungnahme des Europäischen Wirtschafts- und Sozialausschusses[1],
nach Stellungnahme des Ausschusses der Regionen[2],
gemäß dem Verfahren des Artikels 251 des Vertrags[3],
in Erwägung nachstehender Gründe:

(1) Ziel der Europäischen Gemeinschaft ist es, eine immer engere Zusammengehörigkeit der Staaten und Völker Europas zu erreichen und den wirtschaftlichen und sozialen Fortschritt zu sichern. Gemäß Artikel 14 Abs. 2 des Vertrags umfasst der Binnenmarkt einen Raum ohne Binnengrenzen, in dem der freie Verkehr von Dienstleistungen gewährleistet ist. Gemäß Artikel 43 des Vertrags wird die Niederlassungsfreiheit gewährleistet. Artikel 49 des Vertrags regelt den freien Dienstleistungsverkehr innerhalb der Gemeinschaft. Die Beseitigung der Beschränkungen für die Entwicklung von Dienstleistungstätigkeiten zwischen den Mitgliedstaaten ist ein wichtiges Mittel für ein stärkeres Zusammenwachsen der Völker Europas und für die Förderung eines ausgewogenen und nachhaltigen wirtschaftlichen und sozialen Fortschritts. Bei der Beseitigung solcher Beschränkungen muss unbedingt gewährleistet werden, dass die Entfaltung von Dienstleistungstätigkeiten zur Verwirklichung der in Artikel 2 des Vertrags verankerten Aufgaben beiträgt, in der gesamten Gemeinschaft eine harmonische, ausgewogene und nachhaltige Entwicklung des Wirtschaftslebens, ein hohes Beschäftigungsniveau und ein hohes Maß an sozialem Schutz, die Gleichstellung von Männern und Frauen, ein nachhaltiges, nichtinflationäres Wachstum, einen hohen Grad von Wettbewerbsfähigkeit und Konvergenz der Wirtschaftsleistungen, ein hohes Maß an Umweltschutz und Verbesserung der Umweltqualität, die Hebung der Lebenshaltung und der Lebensqualität, den wirtschaftlichen und sozialen Zusammenhalt und die Solidarität zwischen den Mitgliedstaaten zu fördern.

(2) Ein wettbewerbsfähiger Dienstleistungsmarkt ist für die Förderung des Wirtschaftswachstums und die Schaffung von Arbeitsplätzen in der Europäischen Union wesentlich. Gegenwärtig hindert eine große Anzahl von Beschränkungen im Binnenmarkt Dienstleistungserbringer, insbesondere kleine und mittlere Unternehmen (KMU), daran, über ihre nationalen Grenzen hinauszuwachsen und uneingeschränkt Nutzen aus dem Binnenmarkt zu ziehen. Dies schwächt die globale Wettbewerbsfähigkeit der Dienstleistungserbrin-

ger aus der Europäischen Union. Ein freier Markt, der die Mitgliedstaaten zwingt, Beschränkungen im grenzüberschreitenden Dienstleistungsverkehr abzubauen, bei gleichzeitiger größerer Transparenz und besserer Information der Verbraucher, würde für die Verbraucher größere Auswahl und bessere Dienstleistungen zu niedrigeren Preisen bedeuten.

(3) In ihrem Bericht über den »Stand des Binnenmarktes für Dienstleistungen führt die Kommission eine Vielzahl von Hindernissen auf, die die Entwicklung grenzüberschreitender Dienstleistungstätigkeiten zwischen den Mitgliedstaaten behindern oder bremsen, insbesondere diejenigen von KMU, die im Dienstleistungsgewerbe vorherrschend sind. Der Bericht kommt zu dem Ergebnis, dass ein Jahrzehnt nach der beabsichtigten Vollendung des Binnenmarktes noch immer eine breite Kluft zwischen der Vision einer wirtschaftlich integrierten Europäischen Union und der Wirklichkeit besteht, die die europäischen Bürger und Dienstleistungserbringer erleben. Die Beschränkungen betreffen eine große Bandbreite von Dienstleistungstätigkeiten und sämtliche Phasen der Dienstleistungserbringung und weisen zahlreiche Gemeinsamkeiten auf; so sind sie häufig auf schwerfällige Verwaltungsverfahren, die Rechtsunsicherheit, mit denen grenzüberschreitende Tätigkeiten behaftet sind, oder auf das fehlende gegenseitige Vertrauen zwischen den Mitgliedstaaten zurückzuführen.

(4) Die Dienstleistungen sind zwar der Motor des Wirtschaftswachstums und tragen in den meisten Mitgliedstaaten 70 % zu BIP und Beschäftigung bei, aber die Fragmentierung des Binnenmarktes beeinträchtigt die europäische Wirtschaft insgesamt, insbesondere die Wettbewerbsfähigkeit von KMU und die Zu- und Abwanderung von Arbeitskräften, und behindert den Zugang der Verbraucher zu einer größeren Auswahl an Dienstleistungen zu konkurrenzfähigen Preisen. Es ist wichtig darauf hinzuweisen, dass die Dienstleistungsbranche ein Schlüsselsektor insbesondere für die Beschäftigung von Frauen ist und dass sie deshalb großen Nutzen von den neuen Möglichkeiten, die von der Vollendung des Binnenmarktes für Dienstleistungen geboten werden, zu erwarten haben. Das Europäische Parlament und der Rat haben betont, dass die Beseitigung rechtlicher Beschränkungen, die einen wirklichen Binnenmarkt verhindern, eine der vorrangigen Aufgaben zur Erreichung des vom Europäischen Rat in Lissabon vom 23. und 24. 3. 2000 vorgegebenen Ziels ist, die Beschäftigungslage und den sozialen Zusammenhalt zu verbessern und zu einem nachhaltigen Wirtschaftswachstum zu gelangen, um die Europäische Union bis zum Jahre 2010 zum wettbewerbsfähigsten und dynamischsten wissensbasierten Wirtschaftsraum der Welt mit mehr und besseren Arbeitsplätzen zu machen. Die Beseitigung dieser Beschränkungen bei gleichzeitiger Gewährleistung eines fortschrittlichen europäischen Gesellschaftsmodells ist somit eine Grundvoraussetzung für die Überwindung der Schwierigkeiten bei der Umsetzung der Lissabon-Strategie und für die wirtschaftliche Erholung in Europa, insbesondere für Investitionen und Beschäftigung. Es ist deshalb wichtig, bei der Schaffung eines Binnenmarktes für Dienstleistungen auf Ausgewogenheit zwischen Marktöffnung und dem Erhalt öffentlicher Dienstleistungen sowie der Wahrung sozialer Rechte und der Rechte der Verbraucher zu achten.

(5) Es ist deshalb erforderlich, die Beschränkungen der Niederlassungsfreiheit von Dienstleistungserbringern in den Mitgliedstaaten und des freien Dienst-

leistungsverkehrs zwischen Mitgliedstaaten zu beseitigen und den Dienstleistungsempfängern und -erbringern die Rechtssicherheit zu garantieren, die sie für die wirksame Wahrnehmung dieser beiden Grundfreiheiten des Vertrags benötigen. Da die Beschränkungen im Binnenmarkt für Dienstleistungen sowohl die Dienstleistungserbringer beeinträchtigen, die sich in einem anderen Mitgliedstaat niederlassen möchten, als auch diejenigen, die in einem anderen Mitgliedstaat Dienstleistungen erbringen, ohne dort niedergelassen zu sein, ist es erforderlich, den Dienstleistungserbringern zu ermöglichen, ihre Dienstleistungstätigkeiten im Binnenmarkt dadurch zu entwickeln, dass sie sich entweder in einem anderen Mitgliedstaat niederlassen oder den freien Dienstleistungsverkehr nutzen. Die Dienstleistungserbringer sollten zwischen diesen beiden Freiheiten wählen und sich für diejenige entscheiden können, die ihrer Geschäftsstrategie für die einzelnen Mitgliedstaaten am besten gerecht wird.

(6) Diese Beschränkungen können nicht allein durch die direkte Anwendung der Artikel 43 und 49 des Vertrags beseitigt werden, weil – insbesondere nach der Erweiterung – die Handhabung von Fall zu Fall im Rahmen von Vertragsverletzungsverfahren sowohl für die nationalen als auch für die gemeinschaftlichen Organe äußerst kompliziert wäre; außerdem können zahlreiche Beschränkungen nur im Wege der vorherigen Koordinierung der nationalen Regelungen beseitigt werden, einschließlich der Einführung einer Verwaltungszusammenarbeit. Wie vom Europäischen Parlament und vom Rat anerkannt wurde, ermöglicht ein gemeinschaftliches Rechtsinstrument die Schaffung eines wirklichen Binnenmarktes für Dienstleistungen.

(7) Mit dieser Richtlinie wird ein allgemeiner Rechtsrahmen geschaffen, der einem breiten Spektrum von Dienstleistungen zugute kommt und gleichzeitig die Besonderheiten einzelner Tätigkeiten und Berufe und ihre Reglementierung berücksichtigt. Grundlage dieses Rechtsrahmens ist ein dynamischer und selektiver Ansatz, der vorrangig die leicht zu beseitigenden Beschränkungen beseitigt; hinsichtlich der übrigen wird ein Prozess der Evaluierung, Konsultation und ergänzenden Harmonisierung bei besonderen Fragen eingeleitet, um so schrittweise und koordiniert eine Modernisierung der nationalen Regelungen für Dienstleistungstätigkeiten zu erreichen, wie sie für die Schaffung eines wirklichen Binnenmarktes für Dienstleistungen bis zum Jahr 2010 unerlässlich ist. Es ist angezeigt, bei den Maßnahmen eine ausgewogene Kombination aus gezielter Harmonisierung, Verwaltungszusammenarbeit, den Bestimmungen über die Dienstleistungsfreiheit und der Förderung der Erarbeitung von Verhaltenskodizes für bestimmte Bereiche vorzusehen. Diese Koordinierung der nationalen Rechtsvorschriften sollte ein hohes Maß an rechtlicher Integration auf Gemeinschaftsebene und ein hohes Niveau des Schutzes von Gemeinwohlinteressen, insbesondere den Schutz der Verbraucher, sicherstellen, wie es für die Schaffung von Vertrauen zwischen den Mitgliedstaaten unerlässlich ist. Die Richtlinie berücksichtigt auch andere Gemeinwohlinteressen, einschließlich des Schutzes der Umwelt, der öffentlichen Sicherheit und der öffentlichen Gesundheit sowie der Einhaltung des Arbeitsrechts.

(8) Die Bestimmungen dieser Richtlinie über die Niederlassungsfreiheit und die Dienstleistungsfreiheit sollten nur insoweit Anwendung finden, als die be-

treffenden Tätigkeiten dem Wettbewerb offen stehen, sodass sie die Mitgliedstaaten weder verpflichten, Dienstleistungen von allgemeinem wirtschaftlichem Interesse zu liberalisieren, noch öffentliche Einrichtungen, die solche Dienstleistungen anbieten, zu privatisieren, noch bestehende Monopole für andere Tätigkeiten oder bestimmte Vertriebsdienste abzuschaffen.

(9) Diese Richtlinie findet nur auf die Anforderungen für die Aufnahme oder Ausübung einer Dienstleistungstätigkeit Anwendung. Sie findet somit keine Anwendung auf Anforderungen wie Straßenverkehrsvorschriften, Vorschriften bezüglich der Stadtentwicklung oder Bodennutzung, der Stadtplanung und der Raumordnung, Baunormen sowie verwaltungsrechtliche Sanktionen, die wegen der Nichteinhaltung solcher Vorschriften verhängt werden, die nicht die Dienstleistungstätigkeit als solche regeln oder betreffen, sondern von Dienstleistungserbringern im Zuge der Ausübung ihrer Wirtschaftstätigkeit genauso beachtet werden müssen wie von Privatpersonen.

(10) Diese Richtlinie betrifft nicht die Anforderungen für den Zugang bestimmter Dienstleistungsanbieter zu öffentlichen Mitteln. Zu diesen Anforderungen gehören insbesondere Anforderungen, die Bedingungen vorsehen, unter denen Dienstleistungserbringer Anspruch auf öffentliche Mittel haben, einschließlich spezifischer Vertragsbedingungen und vor allem Qualitätsnormen, die erfüllt werden müssen, um öffentliche Gelder erhalten zu können, z. B. für soziale Dienstleistungen.

(11) Diese Richtlinie greift nicht in die Maßnahmen ein, die die Mitgliedstaaten im Einklang mit dem Gemeinschaftsrecht treffen, um die kulturelle und sprachliche Vielfalt sowie den Medienpluralismus zu schützen oder zu fördern; dies gilt auch für deren Finanzierung. Diese Richtlinie hindert die Mitgliedstaaten nicht daran, ihre Grundregeln und Prinzipien für die Pressefreiheit und die Freiheit der Meinungsäußerung anzuwenden. Diese Richtlinie berührt nicht die Rechtsvorschriften der Mitgliedstaaten, die Diskriminierungen aus Gründen der Staatsangehörigkeit oder aus Gründen wie den in Artikel 13 des Vertrags genannten verbieten.

(12) Ziel dieser Richtlinie ist die Schaffung eines Rechtsrahmens, der die Niederlassungsfreiheit und den freien Dienstleistungsverkehr zwischen den Mitgliedstaaten garantiert, wobei sie weder zu einer Harmonisierung des Strafrechts führt noch in dieses eingreift. Ein Mitgliedstaat sollte die Dienstleistungsfreiheit jedoch nicht unter Umgehung der Vorschriften dieser Richtlinie durch Anwendung von Strafrechtsbestimmungen einschränken, die die Aufnahme oder Ausübung einer Dienstleistungstätigkeit gezielt regeln oder beeinflussen.

(13) Es ist gleichermaßen wichtig, dass diese Richtlinie uneingeschränkt die Gemeinschaftsinitiativen auf Grund des Artikels 137 des Vertrags zur Verwirklichung der Ziele des Artikels 136 des Vertrags zur Förderung der Beschäftigung und Verbesserung der Lebens- und Arbeitsbedingungen beachtet.

(14) Diese Richtlinie berührt weder Arbeits- und Beschäftigungsbedingungen wie Höchstarbeits- und Mindestruhezeiten, bezahlten Mindestjahresurlaub, Mindestlohnsätze, Gesundheitsschutz, Sicherheit und Hygiene am Arbeitsplatz, die von den Mitgliedstaaten im Einklang mit dem Gemeinschaftsrecht ange-

wandt werden, noch greift sie in die gemäß nationalem Recht und nationalen Praktiken unter Wahrung des Gemeinschaftsrechts geregelten Beziehungen zwischen den Sozialpartnern ein, z. B. in das Recht, Tarifverträge auszuhandeln und abzuschließen, das Streikrecht und das Recht auf Arbeitskampfmaßnahmen, noch ist sie auf Dienstleistungen von Leiharbeitsagenturen anwendbar. Diese Richtlinie berührt nicht die Rechtsvorschriften der Mitgliedstaaten über die soziale Sicherheit.

(15) Diese Richtlinie wahrt die Ausübung der in den Mitgliedstaaten geltenden Grundrechte, wie sie in der Charta der Grundrechte der Europäischen Union und den zugehörigen Erläuterungen anerkannt werden, und bringt sie mit den in den Artikeln 43 und 49 des Vertrags festgelegten Grundfreiheiten in Einklang. Zu diesen Grundrechten gehört das Recht auf Arbeitskampfmaßnahmen gemäß nationalem Recht und nationalen Praktiken unter Wahrung des Gemeinschaftsrechts.

(16) Diese Richtlinie betrifft ausschließlich Dienstleistungserbringer, die in einem Mitgliedstaat niedergelassen sind und regelt keine externen Aspekte. Sie betrifft nicht Verhandlungen innerhalb internationaler Organisationen über den Handel mit Dienstleistungen, insbesondere im Rahmen des Allgemeinen Abkommens über den Handel mit Dienstleistungen (GATS).

(17) Diese Richtlinie gilt nur für Dienstleistungen, die für eine wirtschaftliche Gegenleistung erbracht werden. Dienstleistungen von allgemeinem Interesse fallen nicht unter die Begriffsbestimmung des Artikels 50 des Vertrags und somit nicht in den Anwendungsbereich dieser Richtlinie. Dienstleistungen von allgemeinem wirtschaftlichem Interesse sind Dienstleistungen, die für eine wirtschaftliche Gegenleistung erbracht werden, und fallen deshalb in den Anwendungsbereich dieser Richtlinie. Gleichwohl sind bestimmte Dienstleistungen von allgemeinem wirtschaftlichem Interesse, wie solche, die ggf. im Verkehrsbereich erbracht werden, vom Anwendungsbereich dieser Richtlinie ausgenommen und für einige andere Dienstleistungen von allgemeinem wirtschaftlichem Interesse, wie solche, die ggf. im Bereich der Postdienste erbracht werden, gelten Ausnahmen von den Bestimmungen dieser Richtlinie über die Dienstleistungsfreiheit. Diese Richtlinie regelt nicht die Finanzierung von Dienstleistungen von allgemeinem wirtschaftlichem Interesse und gilt auch nicht für die von den Mitgliedstaaten insbesondere auf sozialem Gebiet im Einklang mit den gemeinschaftlichen Wettbewerbsvorschriften gewährten Beihilfen. Diese Richtlinie betrifft nicht die Folgemaßnahmen zum Weißbuch der Kommission zu Dienstleistungen von allgemeinem Interesse.

(18) Finanzdienstleistungen sollten aus dem Anwendungsbereich dieser Richtlinie ausgeschlossen sein, da diese Tätigkeiten Gegenstand besonderer Gemeinschaftsrechtsvorschriften sind, die wie die vorliegende Richtlinie darauf abzielen, einen wirklichen Binnenmarkt für Dienstleistungen zu schaffen. Folglich sollte dieser Ausschluss für alle Finanzdienstleistungen wie Bankdienstleistungen, Kreditgewährung, Versicherung, einschließlich Rückversicherung, betriebliche oder individuelle Altersversorgung, Wertpapiere, Geldanlagen, Zahlungen und Anlageberatung, einschließlich der in Anhang I der Richtlinie 2006/48/EG des Europäischen Parlaments und des Rates vom

14. 6. 2006 über die Aufnahme und Ausübung der Tätigkeit der Kreditinstitute[4] aufgeführten Dienstleistungen gelten.

(19) Angesichts der im Jahr 2002 erfolgten Verabschiedung einer Reihe von Rechtsakten über die Netze und Dienste der elektronischen Kommunikation sowie über die damit zusammenhängenden Ressourcen und Dienste, die insbesondere durch die Abschaffung der Mehrzahl der Einzelgenehmigungsverfahren einen Rechtsrahmen für die Erleichterung des Zugangs zu diesen Tätigkeiten im Binnenmarkt geschaffen hat, müssen die durch diese Rechtsakte geregelten Fragen vom Anwendungsbereich der vorliegenden Richtlinie ausgenommen werden.

(20) Die Ausnahmen vom Anwendungsbereich der vorliegenden Richtlinie hinsichtlich Angelegenheiten der elektronischen Kommunikationsdienste im Sinne der Richtlinie 2002/19/EG des Europäischen Parlaments und des Rates vom 7. 3. 2002 über den Zugang zu elektronischen Kommunikationsnetzen und zugehörigen Einrichtungen sowie deren Zusammenschaltung (Zugangsrichtlinie)[5], der Richtlinie 2002/20/EG des Europäischen Parlaments und des Rates vom 7. 3. 2002 über die Genehmigung elektronischer Kommunikationsnetze und -dienste (Genehmigungsrichtlinie)[6], der Richtlinie 2002/21/EG des Europäischen Parlaments und des Rates vom 7. 3. 2002 über einen gemeinsamen Rechtsrahmen für elektronische Kommunikationsnetze und -dienste (Rahmenrichtlinie)[7], der Richtlinie 2002/22/EG des Europäischen Parlaments und des Rates vom 7. 3. 2002 über den Universaldienst und Nutzerrechte bei elektronischen Kommunikationsnetzen und -diensten (Universaldienstrichtlinie)[8] und der Richtlinie 2002/58/EG des Europäischen Parlaments und des Rates vom 12. 7. 2002 über die Verarbeitung personenbezogener Daten und den Schutz der Privatsphäre in der elektronischen Kommunikation (Datenschutzrichtlinie für elektronische Kommunikation)[9] sollten nicht nur für Fragen gelten, die spezifisch in den genannten Richtlinien geregelt sind, sondern auch für Bereiche, bei denen die Richtlinien den Mitgliedstaaten ausdrücklich die Möglichkeit belassen, bestimmte Maßnahmen auf nationaler Ebene zu erlassen.

(21) Verkehrsdienstleistungen, einschließlich des Personennahverkehrs, Taxis und Krankenwagen sowie Hafendienste, sollten vom Anwendungsbereich dieser Richtlinie ausgenommen sein.

(22) Der Ausschluss des Gesundheitswesens vom Anwendungsbereich dieser Richtlinie sollte Gesundheits- und pharmazeutische Dienstleistungen umfassen, die von Angehörigen eines Berufs im Gesundheitswesen gegenüber Patienten erbracht werden, um deren Gesundheitszustand zu beurteilen, zu erhalten oder wiederherzustellen, wenn diese Tätigkeiten in dem Mitgliedstaat, in dem die Dienstleistungen erbracht werden, einem reglementierten Gesundheitsberuf vorbehalten sind.

(23) Diese Richtlinie betrifft nicht die Kostenerstattung für eine Gesundheitsdienstleistung, die in einem anderen Mitgliedstaat als demjenigen, in dem der Empfänger der Behandlungsleistung seinen Wohnsitz hat, erbracht wurde. Mit dieser Frage hat sich der Gerichtshof mehrfach befasst, wobei der Gerichtshof die Rechte der Patienten anerkannt hat. Es ist wichtig, dieses Thema, soweit es nicht bereits von der Verordnung (EWG) Nr. 1408/71 des Rates vom 14. 6. 1971 zur Anwendung der Systeme der sozialen Sicherheit auf Arbeit-

nehmer und deren Familien, die innerhalb der Gemeinschaft zu- und abwandern[10], erfasst ist, in einem anderen Rechtsakt der Gemeinschaft zu behandeln, um mehr Rechtssicherheit und -klarheit zu erreichen.

(24) Audiovisuelle Dienste, auch in Kinos, sollten unabhängig von der Art ihrer Ausstrahlung ebenfalls vom Anwendungsbereich dieser Richtlinie ausgenommen sein. Ebenso wenig sollte diese Richtlinie für Beihilfen gelten, die von den Mitgliedstaaten im audiovisuellen Sektor gewährt werden und die unter die gemeinschaftlichen Wettbewerbsvorschriften fallen.

(25) Glücksspiele einschließlich Lotterien und Wetten sollten auf Grund der spezifischen Natur dieser Tätigkeiten, die von Seiten der Mitgliedstaaten Politikansätze zum Schutz der öffentlichen Ordnung und zum Schutz der Verbraucher bedingen, vom Anwendungsbereich dieser Richtlinie ausgenommen sein.

(26) Diese Richtlinie lässt die Anwendung des Artikels 45 des Vertrags unberührt.

(27) Diese Richtlinie sollte keine sozialen Dienstleistungen im Bereich Wohnung, Kinderbetreuung und Unterstützung von hilfsbedürftigen Familien und Personen erfassen, die vom Staat selbst – auf nationaler, regionaler oder lokaler Ebene –, durch von ihm beauftragte Dienstleistungserbringer oder durch von ihm anerkannte gemeinnützige Einrichtungen erbracht werden, um Menschen zu unterstützen, die auf Grund ihres unzureichenden Familieneinkommens oder des völligen oder teilweisen Verlustes ihrer Selbständigkeit dauerhaft oder vorübergehend besonders hilfsbedürftig sind oder Gefahr laufen, marginalisiert zu werden. Diese Dienstleistungen tragen entscheidend dazu bei, das Grundrecht auf Schutz der Würde und Integrität des Menschen zu garantieren; sie sind Ausfluss der Grundsätze des sozialen Zusammenhalts und der Solidarität und sollten daher von dieser Richtlinie unberührt bleiben.

(28) Diese Richtlinie berührt nicht die Finanzierung von sozialen Dienstleistungen oder des damit verbundenen Beihilfesystems. Sie berührt auch nicht die Kriterien und Bedingungen, die von den Mitgliedstaaten festgelegt werden, um zu gewährleisten, dass die sozialen Dienstleistungen dem öffentlichen Interesse und dem sozialen Zusammenhalt dienen. Zudem sollte diese Richtlinie nicht den Grundsatz des Universaldienstes bei den sozialen Dienstleistungen der Mitgliedstaaten berühren.

(29) Angesichts der Tatsache, dass der Vertrag besondere Rechtsgrundlagen im Bereich der Steuern enthält, und angesichts der in diesem Bereich bereits verabschiedeten Gemeinschaftsrechtsakte muss der Bereich der Steuern aus dem Anwendungsbereich dieser Richtlinie ausgenommen sein.

(30) Dienstleistungstätigkeiten sind bereits Gegenstand einer Vielzahl von Gemeinschaftsvorschriften. Diese Richtlinie ergänzt und vervollständigt diesen gemeinschaftsrechtlichen Besitzstand. Kollisionen zwischen dieser Richtlinie und anderen Gemeinschaftsinstrumenten sind festgestellt worden und werden in dieser Richtlinie berücksichtigt, unter anderem durch Ausnahmeregelungen. Dennoch bedarf es einer Regelung für verbleibende Fälle und Ausnahmefälle für den Fall, dass eine Bestimmung dieser Richtlinie mit einer Bestimmung eines anderen Gemeinschaftsinstruments kollidiert. Ob eine Kollision vorliegt, sollte in Übereinstimmung mit den Bestimmungen des Vertrags über die Niederlassungsfreiheit und den freien Dienstleistungsverkehr festgestellt werden.

(31) Diese Richtlinie steht im Einklang mit der Richtlinie 2005/36/EG des Europäischen Parlaments und des Rates vom 7.9.2005 über die Anerkennung von Berufsqualifikationen[11] und lässt diese unberührt. Sie behandelt andere Fragen als diejenigen im Zusammenhang mit Berufsqualifikationen, z. B. Fragen der Berufshaftpflichtversicherung, der kommerziellen Kommunikation, multidisziplinärer Tätigkeiten und der Verwaltungsvereinfachung. Bezüglich der vorübergehenden grenzüberschreitenden Erbringung von Dienstleistungen stellt eine Ausnahme von den Bestimmungen der vorliegenden Richtlinie über die Dienstleistungsfreiheit sicher, dass der Titel II »Dienstleistungsfreiheit der Richtlinie 2005/36/EG nicht berührt wird. Somit werden keine gemäß der Richtlinie 2005/36/EG im Mitgliedstaat der Dienstleistungserbringung anwendbaren Maßnahmen von den Bestimmungen der vorliegenden Richtlinie über die Dienstleistungsfreiheit berührt.

(32) Diese Richtlinie steht im Einklang mit der gemeinschaftlichen Gesetzgebung zum Verbraucherschutz wie etwa der Richtlinie 2005/29/EG des Europäischen Parlaments und des Rates vom 11. 5. 2005 über unlautere Geschäftspraktiken im binnenmarktinternen Geschäftsverkehr zwischen Unternehmen und Verbrauchern (Richtlinie über unlautere Geschäftspraktiken)[12] und der Verordnung (EG) Nr. 2006/2004 des Europäischen Parlaments und des Rates vom 27. 10. 2004 über die Zusammenarbeit zwischen den für die Durchsetzung der Verbraucherschutzgesetze zuständigen nationalen Behörden (Verordnung über die Zusammenarbeit im Verbraucherschutz)[13].

(33) Die von dieser Richtlinie erfassten Dienstleistungen umfassen einen weiten Bereich von Tätigkeiten, die einem ständigen Wandel unterworfen sind, wie etwa Dienstleistungen für Unternehmen wie Unternehmensberatung, Zertifizierungs- und Prüfungstätigkeiten, Anlagenverwaltung einschließlich Unterhaltung von Büroräumen, Werbung, Personalagenturen und die Dienste von Handelsvertretern. Die von dieser Richtlinie erfassten Dienstleistungen umfassen ferner Dienstleistungen, die sowohl für Unternehmen als auch für Verbraucher angeboten werden, wie etwa Rechts- oder Steuerberatung, Dienstleistungen des Immobilienwesens wie die Tätigkeit der Immobilienmakler, Dienstleistungen des Baugewerbes einschließlich Dienstleistungen von Architekten, Handel, die Veranstaltung von Messen, die Vermietung von Kraftfahrzeugen und Dienste von Reisebüros. Hinzu kommen Verbraucherdienstleistungen, beispielsweise im Bereich des Fremdenverkehrs, einschließlich Leistungen von Fremdenführern, Dienstleistungen im Freizeitbereich, Sportzentren und Freizeitparks, und, sofern sie nicht aus dem Anwendungsbereich dieser Richtlinie ausgenommen sind, Unterstützungsdienste im Haushalt wie etwa Hilfeleistungen für ältere Menschen. Hierbei handelt es sich sowohl um Tätigkeiten, die die räumliche Nähe zwischen Dienstleistungserbringer und Dienstleistungsempfänger oder aber auch den Ortswechsel des einen oder anderen erfordern, als auch um Leistungen, die im Fernabsatz, beispielsweise über das Internet, erbracht werden können.

(34) Nach der Rechtsprechung des Gerichtshofs muss die Frage, ob bestimmte Tätigkeiten – insbesondere Tätigkeiten, die mit öffentlichen Mitteln finanziert oder durch öffentliche Einrichtungen erbracht werden – eine »Dienstleistung darstellen, von Fall zu Fall im Lichte sämtlicher Merkmale, insbesondere der

Art, wie die Leistungen im betreffenden Mitgliedstaat erbracht, organisiert und finanziert werden, beurteilt werden. Der Gerichtshof hat entschieden, dass das wesentliche Merkmal eines Entgelts darin liegt, dass es eine Gegenleistung für die betreffenden Dienstleistungen darstellt, und hat anerkannt, dass das Merkmal des Entgelts bei Tätigkeiten fehlt, die vom Staat oder für den Staat ohne wirtschaftliche Gegenleistung im Rahmen der sozialen, kulturellen, bildungspolitischen und rechtlichen Verpflichtungen des Staates ausgeübt werden, wie etwa bei im Rahmen des nationalen Bildungssystems erteiltem Unterricht oder der Verwaltung von Systemen der sozialen Sicherheit, die keine wirtschaftliche Tätigkeit bewirken. Die Zahlung einer Gebühr durch den Dienstleistungsempfänger, z. B. eine Unterrichts- oder Einschreibegebühr, die Studenten als Beitrag zu den Betriebskosten eines Systems entrichten, stellt als solche kein Entgelt dar, da die Dienstleistung noch überwiegend aus öffentlichen Mitteln finanziert wird. Diese Tätigkeiten entsprechen daher nicht der in Artikel 50 des Vertrags enthaltenen Definition von »Dienstleistungen und fallen somit nicht in den Anwendungsbereich dieser Richtlinie.

(35) Der Amateursport, bei dem kein Gewinnzweck verfolgt wird, ist von beträchtlicher sozialer Bedeutung. Er dient oftmals uneingeschränkt sozialen Zielvorgaben oder Freizeitzwecken. Somit stellt er unter Umständen keine Wirtschaftstätigkeit im Sinne des Gemeinschaftsrechts dar und sollte nicht in den Anwendungsbereich dieser Richtlinie fallen.

(36) Der Begriff des Dienstleistungserbringers sollte alle natürlichen Personen mit der Staatsangehörigkeit eines Mitgliedstaats und alle juristischen Personen erfassen, die in einem Mitgliedstaat eine Dienstleistungstätigkeit ausüben, entweder unter Inanspruchnahme der Niederlassungsfreiheit oder des freien Dienstleistungsverkehrs. Der Begriff des Dienstleistungserbringers sollte deshalb nicht nur die Fälle erfassen, in denen die Leistung grenzüberschreitend im Rahmen des freien Dienstleistungsverkehrs erbracht wird, sondern auch die Fälle, in denen sich ein Marktteilnehmer in einem anderen Mitgliedstaat niederlässt, um dort Dienstleistungstätigkeiten zu erbringen. Andererseits sollte der Begriff des Dienstleistungserbringers nicht den Fall der Zweigniederlassung einer Gesellschaft aus einem Drittstaat in einem Mitgliedstaat erfassen, denn die Niederlassungsfreiheit und der freie Dienstleistungsverkehr finden gemäß Artikel 48 des Vertrags nur auf Gesellschaften Anwendung, die nach den Rechtsvorschriften eines Mitgliedstaates gegründet wurden und ihren satzungsmäßigen Sitz, ihre Hauptverwaltung oder ihre Hauptniederlassung in der Gemeinschaft haben. Der Begriff des Dienstleistungsempfängers sollte auch Drittstaatsangehörige erfassen, die bereits in den Genuss von Rechten aus Gemeinschaftsrechtsakten kommen wie etwa der Verordnung (EWG) Nr. 1408/71, der Richtlinie 2003/109/EG des Rates vom 25. 11. 2003 betreffend die Rechtsstellung der langfristig aufenthaltsberechtigten Drittstaatsangehörigen[14], der Verordnung (EG) Nr. 859/2003 des Rates vom 14. 5. 2003 zur Ausdehnung der Bestimmungen der Verordnung (EWG) Nr. 1408/71 und der Verordnung (EWG) Nr. 574/72 auf Drittstaatsangehörige, die ausschließlich auf Grund ihrer Staatsangehörigkeit nicht bereits unter diese Bestimmungen fallen[15], und der Richtlinie 2004/38/EG des Europäi-

schen Parlaments und des Rates vom 29. 4. 2004 über das Recht der Unionsbürger und ihrer Familienangehörigen, sich im Hoheitsgebiet der Mitgliedstaaten frei zu bewegen und aufzuhalten[16]. Darüber hinaus können die Mitgliedstaaten den Begriff des Dienstleistungsempfängers auf andere Drittstaatsangehörige ausdehnen, die sich in ihrem Hoheitsgebiet aufhalten.

(37) Der Ort, an dem ein Dienstleistungserbringer niedergelassen ist, sollte nach der Rechtsprechung des Gerichtshofs bestimmt werden, nach der der Begriff der Niederlassung die tatsächliche Ausübung einer wirtschaftlichen Tätigkeit mittels einer festen Einrichtung auf unbestimmte Zeit umfasst. Diese Anforderung kann auch erfüllt sein, wenn ein Unternehmen für einen bestimmten Zeitraum gegründet wird oder es das Gebäude oder die Anlage mietet, von dem bzw. der aus es seine Tätigkeit ausübt. Sie kann ferner erfüllt sein, wenn ein Mitgliedstaat eine befristete Genehmigung ausschließlich für bestimmte Dienstleistungen erteilt. Eine Niederlassung muss nicht die Form einer Tochtergesellschaft, Zweigniederlassung oder Agentur haben, sondern kann aus einer Geschäftsstelle bestehen, die von einem Beschäftigten des Dienstleistungserbringers oder von einem Selbständigen, der ermächtigt ist, dauerhaft für das Unternehmen zu handeln, betrieben wird, wie dies z. B. bei einer Agentur der Fall ist. Gemäß dieser Definition, die die tatsächliche Ausübung einer wirtschaftlichen Tätigkeit am Ort der Niederlassung des Dienstleistungserbringers erfordert, begründet ein bloßer Briefkasten keine Niederlassung. Hat ein Dienstleistungserbringer mehrere Niederlassungsorte, so ist es wichtig zu bestimmen, von welchem Niederlassungsort aus die betreffende Dienstleistung tatsächlich erbracht wird. In den Fällen, in denen es schwierig ist zu bestimmen, von welchem der verschiedenen Niederlassungsorte aus eine bestimmte Dienstleistung erbracht wird, sollte der Ort als Niederlassungsort angesehen werden, an dem der Dienstleistungserbringer das Zentrum seiner Tätigkeiten in Bezug auf diese konkrete Dienstleistung hat.

(38) Der Begriff der juristischen Person im Sinne der Bestimmungen des Vertrags über die Niederlassung stellt es dem Marktteilnehmer frei, die Rechtsform zu wählen, die er für die Ausübung seiner Tätigkeit für geeignet hält. Folglich sind »juristische Personen im Sinne des Vertrags sämtliche Einrichtungen, die nach dem Recht eines Mitgliedstaats gegründet wurden oder diesem Recht unterstehen, unabhängig von ihrer Rechtsform.

(39) Der Begriff der Genehmigungsregelung sollte unter anderem die Verwaltungsverfahren, in denen Genehmigungen, Lizenzen, Zulassungen oder Konzessionen erteilt werden, erfassen sowie die Verpflichtung zur Eintragung bei einer Berufskammer oder in einem Berufsregister, einer Berufsrolle oder einer Datenbank, die Zulassung durch eine Einrichtung oder den Besitz eines Ausweises, der die Zugehörigkeit zu einem bestimmten Beruf bescheinigt, falls diese Voraussetzung dafür sind, eine Tätigkeit ausüben zu können. Die Erteilung einer Genehmigung kann nicht nur durch eine förmliche Entscheidung erfolgen, sondern auch durch eine stillschweigende Entscheidung, beispielsweise, wenn die zuständige Behörde nicht reagiert oder der Antragsteller die Empfangsbestätigung einer Erklärung abwarten muss, um eine Tätigkeit aufnehmen oder sie rechtmäßig ausüben zu können.

(40) Der Begriff der zwingenden Gründe des Allgemeininteresses, auf den sich einige Bestimmungen dieser Richtlinie beziehen, ist in der Rechtsprechung des Gerichtshofes zu den Artikeln 43 und 49 des Vertrags entwickelt worden und kann sich noch weiterentwickeln. Der Begriff umfasst entsprechend der Auslegung des Gerichtshofes zumindest folgende Gründe: öffentliche Ordnung, öffentliche Sicherheit und öffentliche Gesundheit im Sinne der Artikel 46 und 55 des Vertrags; Wahrung der gesellschaftlichen Ordnung; sozialpolitische Zielsetzungen; Schutz von Dienstleistungsempfängern; Verbraucherschutz; Schutz der Arbeitnehmer einschließlich des sozialen Schutzes von Arbeitnehmern; Tierschutz; Erhaltung des finanziellen Gleichgewichts des Systems der sozialen Sicherheit; Betrugsvorbeugung; Verhütung von unlauterem Wettbewerb; Schutz der Umwelt und der städtischen Umwelt einschließlich der Stadt- und Raumplanung; Gläubigerschutz; Wahrung der ordnungsgemäßen Rechtspflege; Straßenverkehrssicherheit; Schutz des geistigen Eigentums; kulturpolitische Zielsetzungen einschließlich der Wahrung des Rechts auf freie Meinungsäußerung, insbesondere im Hinblick auf soziale, kulturelle, religiöse und philosophische Werte der Gesellschaft; die Notwendigkeit, ein hohes Bildungsniveau zu gewährleisten; Wahrung der Pressevielfalt und Förderung der Nationalsprache; Wahrung des nationalen historischen und künstlerischen Erbes sowie Veterinärpolitik.

(41) Der Begriff der öffentlichen Ordnung in der Auslegung des Gerichtshofs umfasst den Schutz vor einer tatsächlichen und hinreichend erheblichen Gefahr, die ein Grundinteresse der Gesellschaft berührt; hierunter können insbesondere Fragen der menschlichen Würde, des Schutzes von Minderjährigen und hilfsbedürftigen Erwachsenen sowie der Tierschutz fallen. Entsprechend umfasst der Begriff der öffentlichen Sicherheit auch Fragen der nationalen Sicherheit und Fragen der Sicherheit der Bevölkerung.

(42) Die Bestimmungen in Bezug auf Verwaltungsverfahren sollten nicht darauf abzielen, die Verwaltungsverfahren zu harmonisieren, sondern darauf, übermäßig schwerfällige Genehmigungsregelungen, -verfahren und -formalitäten zu beseitigen, die die Niederlassungsfreiheit und die daraus resultierende Gründung neuer Dienstleistungsunternehmen behindern.

(43) Eine der grundlegenden Schwierigkeiten bei der Aufnahme und Ausübung von Dienstleistungstätigkeiten, insbesondere für KMU, besteht in der Komplexität, Langwierigkeit und mangelnden Rechtssicherheit der Verwaltungsverfahren. Deshalb sind, nach dem Vorbild einiger Initiativen zur Modernisierung und Verbesserung der Verwaltungspraxis auf Gemeinschaftsebene und auf nationaler Ebene, Grundsätze für die Verwaltungsvereinfachung aufzustellen, unter anderem durch die Beschränkung der Pflicht zur Vorabgenehmigung auf die Fälle, in denen diese unerlässlich ist, und die Einführung des Grundsatzes, wonach eine Genehmigung nach Ablauf einer bestimmten Frist als von den zuständigen Behörden stillschweigend erteilt gilt. Eine solche Modernisierung soll – bei gleichzeitiger Sicherstellung der Transparenz und ständiger Aktualisierung der Informationen über die Marktteilnehmer – die Verzögerungen, Kosten und abschreckende Wirkung beseitigen, die beispielsweise durch überflüssige oder zu komplexe und aufwendige Verfahren, Mehrfachanforderungen, überzogene Formerfordernisse für Unterlagen, willkürliche Ausübung von Befugnissen der zuständigen Behörden, vage oder überlange Fristen bis

zur Erteilung einer Antwort, die Befristung von erteilten Genehmigungen oder unverhältnismäßige Gebühren und Sanktionen verursacht werden. Die betreffenden Verwaltungspraktiken schrecken ganz besonders Dienstleistungserbringer ab, die in anderen Mitgliedstaaten tätig sein wollen, und erfordern deshalb eine koordinierte Modernisierung in einem auf 25 Mitgliedstaaten erweiterten Binnenmarkt.

(44) Die Mitgliedstaaten sollten, sofern dies angebracht ist, auf Gemeinschaftsebene harmonisierte, von der Kommission erstellte Formblätter einführen, die Zeugnissen, Bescheinigungen oder sonstigen für die Niederlassung erforderlichen Dokumenten gleichwertig sind.

(45) Bei der Prüfung der Frage, ob eine Vereinfachung der Verfahren und Formalitäten erforderlich ist, sollten die Mitgliedstaaten insbesondere die Notwendigkeit und die Zahl der Verfahren und Formalitäten, mögliche Überschneidungen, die Kosten, die Klarheit, die Zugänglichkeit sowie die zeitliche Verzögerung und die praktischen Schwierigkeiten, die die Verfahren und Formalitäten dem betroffenen Dienstleistungserbringer bereiten könnten, berücksichtigen.

(46) Um die Aufnahme und Ausübung von Dienstleistungstätigkeiten im Binnenmarkt zu erleichtern, muss das Ziel der Verwaltungsvereinfachung für alle Mitgliedstaaten festgelegt und müssen Bestimmungen über u. a. das Recht auf Information, die elektronische Abwicklung von Verfahren und die für Genehmigungsregelungen geltenden Grundsätze vorgesehen werden. Weitere Maßnahmen auf nationaler Ebene zur Verwirklichung dieses Ziels könnten in der Verringerung der Zahl der Verfahren und Formalitäten für Dienstleistungstätigkeiten bestehen sowie in der Beschränkung dieser Verfahren und Formalitäten auf diejenigen, die aus Gründen des Allgemeininteresses unerlässlich sind und nach Zweck oder Inhalt keine Mehrfachanforderungen darstellen.

(47) Um die Verwaltungsabläufe zu vereinfachen sollten nicht generelle formale Anforderungen vorgesehen werden, wie etwa die Vorlage von Originaldokumenten, beglaubigten Kopien oder beglaubigten Übersetzungen, es sei denn, dies ist objektiv durch einen zwingenden Grund des Allgemeininteresses gerechtfertigt, wie etwa durch den Schutz der Arbeitnehmer, die öffentliche Gesundheit, den Schutz der Umwelt oder den Schutz der Verbraucher. Es ist weiterhin erforderlich, dass eine Genehmigung grds. die Aufnahme und Ausübung einer Dienstleistungstätigkeit im gesamten nationalen Hoheitsgebiet ermöglicht, es sei denn, dass eine Genehmigung für jede einzelne Niederlassung, beispielsweise für jede Verkaufsstätte großer Einkaufszentren, oder eine Genehmigung, die auf einen spezifischen Teil des nationalen Hoheitsgebiets beschränkt ist, objektiv durch einen zwingenden Grund des Allgemeininteresses gerechtfertigt ist.

(48) Um die Verwaltungsverfahren weiter zu vereinfachen, ist es angebracht sicherzustellen, dass jeder Dienstleistungserbringer über eine Kontaktstelle verfügt, über die er alle Verfahren und Formalitäten abwickeln kann (nachstehend »einheitliche Ansprechpartner genannt). Die Zahl der einheitlichen Ansprechpartner kann von Mitgliedstaat zu Mitgliedstaat verschieden sein, je nach den regionalen oder lokalen Zuständigkeiten oder den betreffenden Tätigkeiten. Die Schaffung einheitlicher Ansprechpartner sollte die Zuständigkeitsvertei-

lungen zwischen den zuständigen Behörden in den nationalen Systemen unberührt lassen. Sind mehrere Behörden auf regionaler oder lokaler Ebene zuständig, so kann eine von ihnen die Rolle des einheitlichen Ansprechpartners und Koordinators wahrnehmen. Die einheitlichen Ansprechpartner können nicht nur bei Verwaltungsbehörden angesiedelt werden, sondern auch bei Handels- oder Handwerkskammern, Berufsorganisationen oder privaten Einrichtungen, die die Mitgliedstaaten mit dieser Aufgabe betrauen. Den einheitlichen Ansprechpartnern kommt eine wichtige Unterstützerfunktion gegenüber den Dienstleistungserbringern zu, entweder als Behörde, die für die Ausstellung der für die der Aufnahme einer Dienstleistungstätigkeit erforderlichen Dokumente unmittelbar zuständig ist, oder als Mittler zwischen dem Dienstleistungserbringer und den unmittelbar zuständigen Behörden.

(49) Die Gebühr, die die einheitlichen Ansprechpartner erheben können, sollte in einem angemessenen Verhältnis zu den Kosten der entsprechenden Verfahren und Formalitäten stehen. Dies sollte die Mitgliedstaaten nicht daran hindern, die einheitlichen Ansprechpartner zu ermächtigen, andere Verwaltungsgebühren wie etwa die Gebühren für die Aufsichtsorgane zu erheben.

(50) Dienstleistungserbringer und -empfänger müssen leichten Zugang zu bestimmten Arten von Informationen haben. Jeder Mitgliedstaat sollte im Rahmen dieser Richtlinie selbst bestimmen, wie die Informationen den Dienstleistungserbringern und -empfängern zur Verfügung gestellt werden. Insbesondere kann die Verpflichtung der Mitgliedstaaten sicherzustellen, dass die einschlägigen Informationen für Dienstleistungserbringer und Dienstleistungsempfänger und für die Öffentlichkeit leicht zugänglich sind, dadurch erfüllt werden, dass diese Informationen auf einer Website öffentlich zugänglich gemacht werden. Alle Informationen sollten in einer klaren und unzweideutigen Weise erteilt werden.

(51) Die Informationen, die den Dienstleistungserbringern und -empfängern zur Verfügung gestellt werden, sollten insbesondere die Informationen über Verfahren und Formalitäten, Kontaktinformationen der zuständigen Behörden, Bedingungen für den Zugang zu öffentlichen Registern und Datenbanken sowie Angaben über Rechtsbehelfe und Kontaktinformationen von Vereinigungen und Organisationen, bei denen Dienstleistungserbringer bzw. -empfänger praktische Unterstützung erhalten können, umfassen. Die Verpflichtung der zuständigen Behörden, Dienstleistungserbringer und -empfänger zu unterstützen, sollte nicht die Rechtsberatung in Einzelfällen umfassen. Allgemeine Informationen darüber, wie Anforderungen gewöhnlich ausgelegt oder angewandt werden, sollten jedoch erteilt werden. Fragen wie etwa die Haftung für die Übermittlung unrichtiger oder irreführender Informationen sollten durch die Mitgliedstaaten geregelt werden.

(52) Die Einrichtung eines Systems zur elektronischen Abwicklung von Verfahren und Formalitäten in einer angemessen nahen Zukunft ist unerlässlich für die Verwaltungsvereinfachung im Bereich der Dienstleistungstätigkeiten, was sowohl den Dienstleistungserbringern und -empfängern als auch den zuständigen Behörden zugute kommen wird. Die Erfüllung dieser Verpflichtung, d. h. die Verwirklichung des vorgegebenen Ergebnisses, kann die Anpassung nationaler Rechtsvorschriften sowie anderer für den Dienstleistungssektor gel-

tender Vorschriften erfordern. Diese Verpflichtung sollte die Mitgliedstaaten nicht daran hindern, neben dem elektronischen Weg auch andere Möglichkeiten zur Abwicklung der Verfahren und Formalitäten vorzusehen. Das Erfordernis, die Verfahren und Formalitäten auch aus de Ferne abwickeln zu können, verlangt von den Mitgliedstaaten insbesondere, eine grenzüberschreitende Abwicklung zu ermöglichen. Die Pflicht, das genannte Ergebnis zu erreichen, gilt nicht für Verfahren oder Formalitäten, die sich naturgemäß nicht aus der Ferne abwickeln lassen. Darüber hinaus bleiben die Rechtsvorschriften der Mitgliedstaaten über die Verwendung von Sprachen hiervon unberührt.

(53) Die Erteilung von Lizenzen für bestimmte Dienstleistungstätigkeiten kann es erforderlich machen, dass die zuständige Behörde ein Gespräch mit dem Antragsteller führt, um zu bewerten, ob er zuverlässig und für die Erbringung des entsprechenden Dienstes geeignet ist. In derartigen Fällen kann eine elektronische Abwicklung der Formalitäten ungeeignet sein.

(54) Die Möglichkeit zur Aufnahme einer Dienstleistungstätigkeit sollte nur von einer Genehmigung der zuständigen Behörde abhängig gemacht werden, wenn diese Entscheidung nicht diskriminierend sowie notwendig und verhältnismäßig ist. Demnach sollten Genehmigungsregelungen insbesondere nur zulässig sein, wenn eine nachträgliche Kontrolle nicht gleich wirksam wäre, weil Mängel der betreffenden Dienstleistung später nicht festgestellt werden können, wobei die Risiken und Gefahren zu berücksichtigen sind, die sich aus dem Verzicht auf eine Vorabkontrolle ergeben könnten. Diese Bestimmungen der Richtlinie können jedoch keine Genehmigungsregelungen rechtfertigen, die durch andere Gemeinschaftsrechtsakte untersagt sind, wie durch die Richtlinie 1999/93/EG des Europäischen Parlaments und des Rates vom 13. 12. 1999 über gemeinschaftliche Rahmenbedingungen für elektronische Signaturen[17] oder die Richtlinie 2000/31/EG des Europäischen Parlaments und des Rates vom 8. 6. 2000 über bestimmte rechtliche Aspekte der Dienste der Informationsgesellschaft, insbesondere des elektronischen Geschäftsverkehrs, im Binnenmarkt (Richtlinie über den elektronischen Geschäftsverkehr)[18]. Anhand des Ergebnisses der gegenseitigen Evaluierung kann auf Gemeinschaftsebene ermittelt werden, für welche Arten von Tätigkeiten die Genehmigungsregelungen abgeschafft werden sollten.

(55) Diese Richtlinie sollte die Möglichkeit der Mitgliedstaaten unberührt lassen, Genehmigungen nachträglich zu widerrufen, wenn die Voraussetzungen für die Erteilung der Genehmigung nicht mehr erfüllt sind.

(56) Gemäß der Rechtsprechung des Gerichtshofes sind Ziele im Bereich der öffentlichen Gesundheit, des Schutzes der Verbraucher, der Gesundheit von Tieren und der städtischen Umwelt zwingende Gründe des Allgemeininteresses. Solche zwingenden Gründe können die Anwendung von Genehmigungsregelungen und weitere Einschränkungen rechtfertigen. Allerdings sollte keine derartige Genehmigungsregelung oder Einschränkung eine Diskriminierung aus Gründen der Staatsangehörigkeit des Antragstellers bewirken. Darüber hinaus sollten die Grundsätze der Erforderlichkeit und der Verhältnismäßigkeit immer geachtet werden.

(57) Die Bestimmungen dieser Richtlinie über Genehmigungsregelungen sollten die Fälle betreffen, in denen Marktteilnehmer für die Aufnahme oder Ausübung einer Dienstleistungstätigkeit eine Entscheidung einer zuständigen Behörde benötigen. Dies betrifft weder Entscheidungen der zuständigen Behörden zur Schaffung einer öffentlichen oder privaten Einrichtung für die Erbringung einer bestimmten Dienstleistung noch den Abschluss von Verträgen durch die zuständigen Behörden für die Erbringung einer bestimmten Dienstleistung, die den Vorschriften über das öffentliche Beschaffungswesen unterliegt, da diese Richtlinie Vorschriften über das öffentliche Beschaffungswesen nicht behandelt.

(58) Um die Aufnahme und Ausübung von Dienstleistungstätigkeiten zu erleichtern, ist es wichtig, Genehmigungsregelungen und ihre Begründungen zu evaluieren und darüber Bericht zu erstatten. Diese Berichtspflicht bezieht sich nur auf die Existenz von Genehmigungsregelungen und nicht auf die Kriterien und Voraussetzungen für die Erteilung von Genehmigungen.

(59) Die Genehmigung sollte dem Dienstleistungserbringer in der Regel die Aufnahme oder Ausübung der Dienstleistungstätigkeit im gesamten Hoheitsgebiet des Mitgliedstaats ermöglichen, sofern nicht eine territoriale Einschränkung durch einen zwingenden Grund des Allgemeininteresses gerechtfertigt ist. Z. B. kann der Umweltschutz die Auflage rechtfertigen, eine Einzelgenehmigung für jede Anlage im nationalen Hoheitsgebiet einzuholen. Diese Bestimmung sollte keine regionalen oder lokalen Zuständigkeiten für die Erteilung von Genehmigungen in den Mitgliedstaaten berühren.

(60) Diese Richtlinie, insbesondere ihre Bestimmungen zu den Genehmigungsregelungen und zum territorialen Geltungsbereich einer Genehmigung, sollte nicht die Aufteilung der regionalen oder lokalen Zuständigkeiten in den Mitgliedstaaten, einschließlich der regionalen und lokalen Selbstverwaltung und der Verwendung von Amtssprachen, berühren.

(61) Die Bestimmung über das Verbot der doppelten Anwendung gleichwertiger Voraussetzungen für die Erteilung der Genehmigungen sollte die Mitgliedstaaten nicht daran hindern, ihre eigenen, in der Genehmigungsregelung festgelegten Voraussetzungen anzuwenden. Diese Bestimmung sollte nur verlangen, dass die zuständigen Behörden bei der Prüfung der Frage, ob der Antragsteller diese Voraussetzungen erfüllt, den gleichwertigen Voraussetzungen Rechnung tragen, die der Antragsteller bereits in einem anderen Mitgliedstaat erfüllt hat. Diese Bestimmung sollte nicht die Anwendung der Voraussetzungen für die Erteilung der Genehmigungen vorschreiben, die in der Genehmigungsregelung eines anderen Mitgliedstaats vorgesehen sind.

(62) Ist die Zahl der für eine bestimmte Tätigkeit verfügbaren Genehmigungen auf Grund der Knappheit der natürlichen Ressourcen oder der technischen Kapazitäten begrenzt, so sollte ein Verfahren für die Auswahl zwischen mehreren Antragstellern vorgesehen werden, um mit Hilfe des freien Wettbewerbs höchstmögliche Qualität und optimale Angebotsbedingungen im Interesse der Dienstleistungsempfänger zu erzielen. Ein solches Verfahren sollte Garantien für Transparenz und Neutralität bieten und gewährleisten, dass solchermaßen erteilte Genehmigungen keine übermäßig lange Geltungsdauer besitzen, nicht automatisch verlängert werden und keinerlei Begünstigungen des

Dienstleistungserbringers vorsehen, dessen Genehmigung gerade abgelaufen ist. Insbesondere sollte die Geltungsdauer der Genehmigung so bemessen sein, dass sie den freien Wettbewerb nicht über das für die Amortisierung der Investitionen und die Erwirtschaftung einer angemessenen Investitionsrendite notwendige Maß hinaus einschränkt oder begrenzt. Diese Bestimmung sollte die Mitgliedstaaten nicht daran hindern, die Zahl der Genehmigungen aus anderen Gründen als der Knappheit der natürlichen Ressourcen oder der technischen Kapazitäten zu begrenzen. Diese Genehmigungen sollten in jedem Fall den weiteren Vorschriften dieser Richtlinie zu den Genehmigungsregelungen unterworfen sein.

(63) Eine Genehmigung sollte, sofern keine andere Regelung vorliegt, als erteilt gelten, falls keine Antwort binnen einer bestimmten Frist erfolgt. Für bestimmte Tätigkeiten können jedoch andere Regelungen vorgesehen werden, wenn dies durch zwingende Gründe des Allgemeininteresses objektiv gerechtfertigt ist, wozu auch berechtigte Interessen Dritter gehören. Zu diesen anderen Regelungen könnten auch nationale Vorschriften gehören, wonach bei Ausbleiben einer Antwort der zuständigen Behörde der Antrag als abgelehnt gilt, und die Ablehnung einer gerichtlichen Überprüfung zugänglich ist.

(64) Wenn ein wirklicher Binnenmarkt für Dienstleistungen geschaffen werden soll, müssen die in den Rechtsvorschriften bestimmter Mitgliedstaaten noch enthaltenen Beschränkungen der Niederlassungsfreiheit und des freien Dienstleistungsverkehrs, die mit Artikel 43 bzw. 49 des Vertrags unvereinbar sind, beseitigt werden. Die unzulässigen Beschränkungen beeinträchtigen den Binnenmarkt für Dienstleistungen und sollten unverzüglich systematisch abgebaut werden.

(65) Die Niederlassungsfreiheit beruht insbesondere auf dem Grundsatz der Gleichbehandlung, der nicht nur jede Diskriminierung aus Gründen der Staatsangehörigkeit verbietet, sondern auch indirekte Diskriminierungen auf Grund anderer Unterscheidungsmerkmale, die faktisch zum gleichen Ergebnis führen. So sollte die Aufnahme oder Ausübung einer Dienstleistungstätigkeit in einem Mitgliedstaat als Haupt- oder Nebentätigkeit nicht von Kriterien wie dem Niederlassungsort, dem Wohnsitz oder Aufenthaltsort oder dem Standort der überwiegenden Tätigkeit abhängen. Zu diesen Kriterien sollte jedoch nicht die Anforderung gehören, dass der Dienstleistungserbringer bzw. einer seiner Arbeitnehmer oder Vertreter bei der Ausübung seiner Tätigkeit präsent sein muss, wenn zwingende Gründe des Allgemeininteresses dies rechtfertigen. Zudem sollte ein Mitgliedstaat die Rechts- oder Parteifähigkeit von Gesellschaften nicht beschränken, die nach dem Recht eines anderen Mitgliedstaates, in dessen Hoheitsgebiet sie ihre Hauptniederlassung haben, gegründet wurden. Desgleichen sollte ein Mitgliedstaat keinerlei Begünstigungen für Dienstleistungserbringer vorsehen, die eine besondere Bindung zur nationalen oder regionalen Wirtschaft und Gesellschaft haben; er sollte ferner die Freiheit des Dienstleistungserbringers, Rechte und Güter zu erwerben, zu nutzen oder zu übertragen, sowie seinen Zugang zu verschiedenen Formen von Finanzierungen oder Geschäftsräumen nicht auf Grund des Niederlassungsortes beschränken, soweit diese Möglichkeiten für die Aufnahme und tatsächliche Ausübung seiner Dienstleistungstätigkeit von Nutzen sind.

(66) Die Aufnahme oder Ausübung einer Dienstleistungstätigkeit im Hoheitsgebiet eines Mitgliedstaates sollte nicht von einer Überprüfung eines wirtschaftlichen Bedarfs abhängen. Das Verbot von Überprüfungen eines wirtschaftlichen Bedarfs als Vorbedingung für die Erteilung einer Genehmigung sollte sich auf wirtschaftliche Erwägungen als solche beziehen und nicht auf andere Anforderungen, die objektiv durch zwingende Gründe des Allgemeininteresses gerechtfertigt sind, wie etwa den Schutz der städtischen Umwelt, die Sozialpolitik und Ziele der öffentlichen Gesundheit. Das Verbot sollte nicht die Ausübung der Befugnisse der für das Wettbewerbsrecht zuständigen Behörden betreffen.

(67) Hinsichtlich finanzieller Sicherheiten oder Versicherungen sollte sich die Unzulässigkeit von Anforderungen nur auf die Verpflichtung erstrecken, dass die erforderlichen finanziellen Sicherheiten und Versicherungen von einem in dem betroffenen Mitgliedstaat niedergelassenen Finanzinstitut stammen.

(68) Hinsichtlich der Voreintragung in ein Register sollte sich die Unzulässigkeit von Anforderungen nur auf die Verpflichtung erstrecken, dass der Dienstleistungserbringer bereits vor der Niederlassung für einen bestimmten Zeitraum in einem in dem betroffenen Mitgliedstaat geführten Register eingetragen gewesen sein muss.

(69) Zur Koordinierung der Modernisierung der nationalen Vorschriften zur Anpassung an die Erfordernisse des Binnenmarktes ist es erforderlich, bestimmte nicht diskriminierende nationale Anforderungen, die ihrer Art nach die Aufnahme oder Ausübung einer Tätigkeit unter Inanspruchnahme der Niederlassungsfreiheit maßgeblich einschränken oder sogar verhindern könnten, zu überprüfen. Diese Überprüfung sollte sich auf die Vereinbarkeit dieser Anforderungen mit den bereits vom Gerichtshof zur Niederlassungsfreiheit festgelegten Kriterien beschränken. Sie sollte nicht die Anwendung des Wettbewerbsrechts der Gemeinschaft betreffen. Sind solche Anforderungen diskriminierend oder nicht objektiv durch einen zwingenden Grund des Allgemeininteresses gerechtfertigt oder unverhältnismäßig, so müssen sie beseitigt oder geändert werden. Das Ergebnis dieser Überprüfung kann je nach Art der betreffenden Tätigkeit und des Allgemeininteresses unterschiedlich ausfallen. Insbesondere könnten solche Anforderungen voll gerechtfertigt sein, wenn damit sozialpolitische Ziele verfolgt werden.

(70) Für die Zwecke dieser Richtlinie und unbeschadet des Artikels 16 des Vertrags können Dienstleistungen nur dann als Dienstleistungen von allgemeinem wirtschaftlichem Interesse angesehen werden, wenn sie der Erfüllung eines besonderen Auftrags von öffentlichem Interesse dienen, mit dem der Dienstleistungserbringer von dem betreffenden Mitgliedstaat betraut wurde. Diese Beauftragung sollte durch einen oder mehrere Akte erfolgen, deren Form von dem betreffenden Mitgliedstaat selbst bestimmt wird; darin sollte die genaue Art des besonderen Auftrags angegeben werden.

(71) Das in dieser Richtlinie vorgesehene Verfahren der gegenseitigen Evaluierung sollte nicht die Freiheit der Mitgliedstaaten berühren, in ihren Rechtsvorschriften ein hohes Schutzniveau in Bezug auf Allgemeininteressen festzusetzen, insbesondere bezüglich sozialpolitischer Ziele. Darüber hinaus ist es erforderlich, dass der Prozess der gegenseitigen Evaluierung der Besonderheit der

Dienstleistungen von allgemeinem wirtschaftlichem Interesse und der damit verbundenen besonderen Aufgaben umfassend Rechnung trägt. Diese können bestimmte Einschränkungen der Niederlassungsfreiheit rechtfertigen, insbesondere wenn solche Beschränkungen dem Schutz der öffentlichen Gesundheit oder sozialpolitischen Zielen dienen und wenn sie die Bedingungen des Artikels 15 Abs. 3 Buchst. a, b und c erfüllen. So hat der Gerichtshof beispielsweise bezüglich der Verpflichtung, eine bestimmte Rechtsform für die Ausübung bestimmter Dienstleistungen im sozialen Bereich zu wählen, anerkannt, dass es gerechtfertigt sein kann, von dem Dienstleistungserbringer die Rechtsform einer gemeinnützigen Gesellschaft zu verlangen.

(72) Dienstleistungen von allgemeinem wirtschaftlichem Interesse sind mit wichtigen Aufgaben für den sozialen und territorialen Zusammenhalt verbunden. Die Durchführung dieser Aufgaben sollte durch den in dieser Richtlinie vorgesehenen Evaluierungsprozess nicht behindert werden. Zur Erfüllung dieser Aufgaben erforderliche Anforderungen sollten von diesem Prozess nicht berührt werden; zugleich sollte aber das Problem ungerechtfertigter Beschränkungen der Niederlassungsfreiheit behandelt werden.

(73) Zu den zu prüfenden Anforderungen gehören nationale Regelungen, die aus nicht mit der beruflichen Qualifikation zusammenhängenden Gründen die Aufnahme bestimmter Tätigkeiten bestimmten Dienstleistungserbringern vorbehalten. Zu diesen Anforderungen zählen auch solche Anforderungen, die vom Dienstleistungserbringer verlangen, eine bestimmte Rechtsform zu wählen, insbesondere die Rechtsform einer juristischen Person, einer Personengesellschaft, einer Gesellschaft ohne Erwerbszweck oder eine Gesellschaft, deren Anteilseigner ausschließlich natürliche Personen sind, oder Anforderungen im Hinblick auf die Beteiligungen am Gesellschaftskapital, insbesondere eine Mindestkapitalausstattung für bestimmte Dienstleistungstätigkeiten oder den Besitz besonderer Qualifikationen für die Anteilseigner oder das Führungspersonal bestimmter Unternehmen. Die Evaluierung der Vereinbarkeit von festgelegten Mindest- und/oder Höchstpreisen mit der Niederlassungsfreiheit betrifft nur Preise, die von zuständigen Behörden spezifisch für die Erbringung bestimmter Dienstleistungen festgelegt werden, und nicht etwa allgemeine Vorschriften über die Festlegung von Preisen, wie z. B. für die Vermietung von Häusern.

(74) Der Prozess der gegenseitigen Evaluierung bedeutet, dass die Mitgliedstaaten während der Umsetzungsfrist zunächst eine Überprüfung ihrer Rechtsvorschriften vornehmen müssen, um festzustellen, ob eine der oben genannten Anforderungen in ihrem Rechtssystem existiert. Spätestens bis zum Ende der Umsetzungsfrist sollten die Mitgliedstaaten einen Bericht über die Ergebnisse dieser Überprüfung erstellen. Jeder Bericht wird allen anderen Mitgliedstaaten und Interessengruppen übermittelt. Die Mitgliedstaaten können dann innerhalb von 6 Monaten ihre Bemerkungen zu diesen Berichten vorlegen. Die Kommission sollte spätestens ein Jahr nach Ablauf der Umsetzungsfrist einen zusammenfassenden Bericht erstellen, ggf. mit Vorschlägen für weitere Initiativen. Die Kommission könnte – in Zusammenarbeit mit den Mitgliedstaaten – die Mitgliedstaaten erforderlichenfalls bei der Erstellung einer gemeinsamen Methodik unterstützen.

(75) Die Tatsache, dass diese Richtlinie eine Reihe von Anforderungen festlegt, die die Mitgliedstaaten während der Umsetzungsfrist beseitigen oder prüfen müssen, lässt die Möglichkeit der Einleitung von Vertragsverletzungsverfahren gegen einen Mitgliedstaat wegen eines Verstoßes gegen die Artikel 43 oder 49 des Vertrags unberührt.

(76) Diese Richtlinie betrifft nicht die Anwendung der Artikel 28, 29 und 30 des Vertrags über den freien Warenverkehr. Bei den nach den Bestimmungen über die Dienstleistungsfreiheit unzulässigen Beschränkungen handelt es sich um Anforderungen für die Aufnahme und Ausübung von Dienstleistungstätigkeiten und nicht um Anforderungen, die sich auf Waren als solche beziehen.

(77) Begibt sich ein Marktteilnehmer in einen anderen Mitgliedstaat, um dort eine Dienstleistungstätigkeit auszuüben, so sollte zwischen Sachverhalten, die unter die Niederlassungsfreiheit und solchen, die unter den freien Dienstleistungsverkehr fallen, unterschieden werden, je nachdem, ob es sich um eine vorübergehende Tätigkeit handelt oder nicht. Nach der Rechtsprechung des Gerichtshofs ist für die Unterscheidung zwischen der Niederlassungsfreiheit und dem freien Dienstleistungsverkehr ausschlaggebend, ob der Marktteilnehmer in dem Mitgliedstaat, in dem er die betreffende Dienstleistung erbringt, niedergelassen ist oder nicht. Ist der Marktteilnehmer in dem Mitgliedstaat, in dem er seine Dienstleistungen erbringt, niedergelassen, so sollte in seinem Fall die Niederlassungsfreiheit anwendbar sein. Ist der Marktteilnehmer dagegen nicht in dem Mitgliedstaat niedergelassen, in dem die Dienstleistung erbracht wird, so sollte seine Tätigkeit unter den freien Dienstleistungsverkehr fallen. Nach der ständigen Rechtsprechung des Gerichtshofs sollte der vorübergehende Charakter der betreffenden Tätigkeiten nicht nur unter Berücksichtigung der Dauer der Erbringung der Leistung, sondern auch ihrer Häufigkeit, ihrer regelmäßigen Wiederkehr oder ihrer Kontinuität beurteilt werden. Der vorübergehende Charakter der Dienstleistung sollte nicht die Möglichkeit für den Dienstleistungserbringer ausschließen, sich in dem Mitgliedstaat, in dem die Dienstleistung erbracht wird, mit einer bestimmten Infrastruktur, wie etwa Geschäftsräumen, einer Kanzlei oder Praxis auszustatten, soweit diese Infrastruktur für die Erbringung der betreffenden Leistung erforderlich ist.

(78) Um die wirksame Verwirklichung des freien Dienstleistungsverkehrs sicherzustellen und zu gewährleisten, dass Dienstleistungsempfänger und -erbringer gemeinschaftsweit ohne Rücksicht auf die Grenzen Dienstleistungen in Anspruch nehmen und erbringen können, ist es erforderlich, zu klären, inwieweit die Anforderungen des Mitgliedstaats, in dem die Dienstleistung erbracht wird, zur Anwendung kommen können. Es muss unbedingt geregelt werden, dass die Bestimmungen über die Dienstleistungsfreiheit den Mitgliedstaat, in dem die Dienstleistung erbracht wird, nicht daran hindern, gemäß den in Artikel 16 Abs. 1 Buchst. a bis c festgelegten Grundsätzen seine besonderen Anforderungen aus Gründen der öffentlichen Ordnung oder der öffentlichen Sicherheit oder der öffentlichen Gesundheit oder des Schutzes der Umwelt anzuwenden.

(79) Nach ständiger Rechtsprechung des Gerichtshofs behält ein Mitgliedstaat das Recht, Maßnahmen zu ergreifen, um Dienstleistungserbringer daran zu hindern, die Grundsätze des Binnenmarktes missbräuchlich zu nutzen. Missbrauch durch einen Dienstleistungserbringer sollte auf Einzelfallbasis festgestellt werden.

(80) Es muss sichergestellt werden, dass Dienstleistungserbringer in der Lage sind, Ausrüstungsgegenstände, die für die Erbringung ihrer Dienstleistung unerlässlich sind, mitzunehmen, wenn sie sich in einen anderen Mitgliedstaat begeben, um dort Dienstleistungen zu erbringen. Insbesondere ist zu vermeiden, dass Dienstleistungserbringern in Fällen, in denen die Dienstleistung ohne die Ausrüstungsgegenstände nicht erbracht werden könnte, zusätzliche Kosten z. B. dadurch entstehen, dass sie andere Ausrüstungsgegenstände als die, die sie gewöhnlich verwenden, mieten oder kaufen müssen oder dass sie die Art und Weise, wie sie ihre Tätigkeit gewöhnlich ausüben, erheblich ändern müssen.

(81) Der Begriff der Ausrüstungsgegenstände bezieht sich nicht auf materielle Gegenstände, die entweder vom Dienstleistungserbringer an den -empfänger geliefert werden oder die – wie beispielsweise Baustoffe oder Ersatzteile – auf Grund der Dienstleistungstätigkeit Teil eines materiellen Gegenstands werden oder – wie beispielsweise Brennstoffe, Sprengstoffe, pyrotechnische Erzeugnisse, Pestizide, Giftstoffe oder Arzneimittel – im Zuge der Erbringung der Dienstleistung verbraucht oder vor Ort belassen werden.

(82) Diese Richtlinie sollte der Anwendung von Vorschriften über Beschäftigungsbedingungen durch einen Mitgliedstaat nicht entgegenstehen. Rechts- und Verwaltungsvorschriften sollten nach dem Vertrag aus Gründen des Schutzes der Arbeitnehmer gerechtfertigt und – nach der Auslegung des Gerichtshofes – nicht diskriminierend, erforderlich und verhältnismäßig sein sowie mit sonstigen einschlägigen Rechtsvorschriften der Gemeinschaft in Einklang stehen.

(83) Es ist erforderlich sicherzustellen, dass Abweichungen von den Bestimmungen über die Dienstleistungsfreiheit nur in den Bereichen zulässig sind, für die Ausnahmeregelungen gelten. Diese Ausnahmeregelungen sind notwendig, um dem Ausmaß der Rechtsvereinheitlichung im Binnenmarkt bzw. bestimmten Gemeinschaftsrechtsakten im Bereich der Dienstleistungen Rechnung zu tragen, nach denen ein Dienstleistungserbringer einem anderen Recht als dem des Niederlassungsmitgliedstaates unterliegt. Darüber hinaus sollten in bestimmten Ausnahmefällen und unter strengen verfahrensrechtlichen und materiellen Voraussetzungen gegenüber einem Dienstleistungserbringer Maßnahmen im Einzelfall ergriffen werden. Des Weiteren sollte jede in Ausnahmefällen zulässige Beschränkung des freien Dienstleistungsverkehrs im Einklang mit den Grundrechten stehen, die integraler Bestandteil der im gemeinschaftlichen Rechtssystem anerkannten allgemeinen Rechtsgrundsätze sind.

(84) Die Ausnahme von den Bestimmungen über die Dienstleistungsfreiheit im Falle der Postdienste sollte sowohl Tätigkeiten, die Universaldiensterbringern vorbehalten sind, als auch sonstige Postdienste betreffen.

(85) Die Ausnahme von den Bestimmungen über die Dienstleistungsfreiheit im Falle der gerichtlichen Beitreibung von Forderungen und die Bezugnahme auf einen möglichen künftigen Harmonisierungsrechtsakt sollten ausschließlich die Aufnahme und Ausübung von Tätigkeiten betreffen, die im Wesentlichen in der Einreichung von Klagen zur Beitreibung von Forderungen vor einem Gericht bestehen.

(86) Diese Richtlinie sollte nicht die Arbeits- und Beschäftigungsbedingungen berühren, die gemäß der Richtlinie 96/71/EG des Europäischen Par-

laments und des Rates vom 16. 12. 1996 über die Entsendung von Arbeitnehmern im Rahmen der Erbringung von Dienstleistungen[19] für Arbeitnehmer gelten, die für die Erbringung von Dienstleistungen in das Hoheitsgebiet eines anderen Mitgliedstaats entsandt werden. In diesen Fällen sieht der Richtlinie 96/71/EG vor, dass die Dienstleistungserbringer in den im Einzelnen aufgeführten Bereichen die in dem Mitgliedstaat, in dem die Dienstleistung erbracht wird, geltenden Arbeits- und Beschäftigungsbedingungen einhalten müssen. Dabei handelt es sich um folgende Bereiche: Höchstarbeitszeiten und Mindestruhezeiten, bezahlter Mindestjahresurlaub, Mindestlohnsätze einschließlich der Überstundensätze, die Bedingungen für die Überlassung von Arbeitskräften, insbesondere Schutz der von Leiharbeitsunternehmen zur Verfügung gestellten Arbeitskräfte, Gesundheitsschutz, Sicherheit und Hygiene am Arbeitsplatz, Schutzmaßnahmen im Zusammenhang mit den Arbeits- und Beschäftigungsbedingungen von Schwangeren und Wöchnerinnen, Kindern und Jugendlichen, Gleichbehandlung von Männern und Frauen sowie andere Nichtdiskriminierungsbestimmungen. Dies betrifft nicht nur die gesetzlich festgelegten Arbeits- und Beschäftigungsbedingungen, sondern auch die in allgemein verbindlich erklärten oder im Sinne der Richtlinie 96/71/EG de facto allgemein verbindlichen Tarifverträgen oder Schiedssprüchen festgelegten Bedingungen. Außerdem sollte diese Richtlinie die Mitgliedstaaten nicht daran hindern, Arbeits- und Beschäftigungsbedingungen für andere als die in Artikel 3 Abs. 1 der Richtlinie 96/71/EG aufgeführten Aspekte aus Gründen der öffentlichen Ordnung vorzuschreiben.

(87) Diese Richtlinie sollte ebenso wenig die Arbeits- und Beschäftigungsbedingungen in Fällen betreffen, in denen der für die Erbringung einer grenzüberschreitenden Dienstleistung beschäftigte Arbeitnehmer in dem Mitgliedstaat, in dem die Dienstleistung erbracht wird, eingestellt wird. Außerdem sollte diese Richtlinie nicht das Recht der Mitgliedstaaten, in denen die Dienstleistung erbracht wird, berühren, das Bestehen eines Arbeitsverhältnisses zu bestimmen und den Unterschied zwischen Selbständigen und abhängig beschäftigten Personen, einschließlich so genannter Scheinselbständiger, festzulegen. In diesem Zusammenhang sollte das wesentliche Merkmal eines Arbeitsverhältnisses im Sinne des Artikels 39 des Vertrags die Tatsache sein, dass jemand während einer bestimmten Zeit für einen anderen nach dessen Weisung Leistungen erbringt, für die er als Gegenleistung eine Vergütung erhält; jedwede Tätigkeit einer Person außerhalb eines Unterordnungsverhältnisses muss als selbständige Beschäftigung im Sinne der Artikel 43 und 49 des Vertrags angesehen werden.

(88) Die Bestimmungen über die Dienstleistungsfreiheit sollten in Fällen, in denen eine Tätigkeit in einem Mitgliedstaat im Einklang mit dem Gemeinschaftsrecht einem bestimmten Beruf vorbehalten ist, keine Anwendung finden, z. B. wenn Rechtsberatung nur von Juristen durchgeführt werden darf.

(89) Die Ausnahme von den Bestimmungen über die Dienstleistungsfreiheit für die Zulassung von Kraftfahrzeugen, die nicht in dem Mitgliedstaat geleast wurden, in dem sie genutzt werden, ergibt sich aus der Rechtsprechung des

Gerichtshofes, der anerkannt hat, dass ein Mitgliedstaat Fahrzeuge, die in seinem Hoheitsgebiet genutzt werden, einer solchen Anforderung unterwerfen kann, sofern sie das Erfordernis der Verhältnismäßigkeit erfüllt. Diese Ausnahme betrifft nicht die gelegentliche oder vorübergehende Anmietung.

(90) Vertragsbeziehungen zwischen dem Dienstleistungserbringer und dem Kunden sowie zwischen Arbeitgeber und Arbeitnehmer sollten nicht unter diese Richtlinie fallen. Die Festlegung des auf vertragliche oder außervertragliche Schuldverhältnisse des Dienstleistungserbringers anzuwendenden Rechts sollte durch die Regeln des internationalen Privatrechts erfolgen.

(91) Den Mitgliedstaaten muss die Möglichkeit gelassen werden, ausnahmsweise in bestimmten Einzelfällen aus Gründen der Sicherheit der Dienstleistungen in Abweichung von den Bestimmungen über die Dienstleistungsfreiheit Maßnahmen gegenüber einem Dienstleistungserbringer zu ergreifen, der in einem anderen Mitgliedstaat niedergelassen ist. Es sollte jedoch nur möglich sein, solche Maßnahmen bei Fehlen einer gemeinschaftlichen Harmonisierung zu ergreifen.

(92) Dieser Richtlinie entgegenstehende Beschränkungen des freien Dienstleistungsverkehrs können sich nicht nur aus Maßnahmen gegenüber den Dienstleistungserbringern, sondern auch aus vielfältigen Beschränkungen ergeben, denen die Dienstleistungsempfänger und insbesondere die Verbraucher bei der Nutzung von Dienstleistungen begegnen. Diese Richtlinie enthält Beispiele für bestimmte Arten von Beschränkungen gegenüber einem Dienstleistungsempfänger, der eine Dienstleistung in Anspruch nehmen möchte, die von einem in einem anderen Mitgliedstaat niedergelassenen Dienstleistungserbringer angeboten wird. Dies umfasst auch Fälle, in denen Dienstleistungsempfänger verpflichtet sind, eine Genehmigung ihrer zuständigen Behörden einzuholen oder bei diesen Behörden eine Erklärung abzugeben, um eine Dienstleistung eines Dienstleistungserbringers, der in einem anderen Mitgliedstaat niedergelassen ist, in Anspruch nehmen zu können. Dies betrifft keine allgemeinen Genehmigungsregelungen, die auch für die Inanspruchnahme einer Dienstleistung gelten, die von einem in demselben Mitgliedstaat niedergelassenen Dienstleistungserbringer erbracht wird.

(93) Der Begriff der finanziellen Unterstützung für die Inanspruchnahme einer bestimmten Dienstleistung sollte weder für Beihilferegelungen der Mitgliedstaaten, insbesondere im sozialen oder kulturellen Bereich, die unter die gemeinschaftlichen Wettbewerbsvorschriften fallen, gelten, noch für allgemeine finanzielle Unterstützung, die nicht mit der Inanspruchnahme einer bestimmten Dienstleistung verknüpft ist, z. B. Zuschüsse oder Darlehen für Studenten.

(94) Gemäß den Vorschriften des Vertrags über den freien Dienstleistungsverkehr sind Diskriminierungen des Dienstleistungsempfängers auf Grund seiner Staatsangehörigkeit, seines Wohnsitzstaates oder seines Wohnortes verboten. Eine solche Diskriminierung kann in einer Verpflichtung bestehen, wonach lediglich Staatsangehörige eines anderen Mitgliedstaats Originaldokumente, beglaubigte Kopien, einen Staatsangehörigkeitsnachweis oder beglaubigte Übersetzungen von Unterlagen vorzulegen haben, um in den Genuss bestimmter Dienstleistungen, günstigerer Bedingungen oder Preis-

vorteile zu kommen. Gleichwohl sollte das Verbot diskriminierender Anforderungen nicht verhindern, dass bestimmte Vergünstigungen, namentlich Preisvorteile, bestimmten Dienstleistungsempfängern vorbehalten sind, wenn dies auf berechtigten und objektiven Kriterien beruht.

(95) Der Grundsatz der Nichtdiskriminierung im Binnenmarkt beinhaltet, dass einem Dienstleistungsempfänger, insbesondere einem Verbraucher, der Zugriff auf allgemein angebotene Dienstleistungen nicht auf Grund eines Kriteriums verwehrt oder erschwert werden darf, das in veröffentlichten allgemeinen Geschäftsbedingungen enthalten ist und an seine Staatsangehörigkeit oder seines Wohnsitzes anknüpft. Hieraus folgt nicht, dass es eine rechtswidrige Diskriminierung darstellt, wenn in solchen allgemeinen Geschäftsbedingungen für eine Dienstleistung unterschiedliche Preise oder Bedingungen festgelegt werden, die durch objektive Gründe gerechtfertigt sind, die von Land zu Land unterschiedlich sein können, wie beispielsweise entfernungsabhängige Zusatzkosten, technische Merkmale der Erbringung der Dienstleistung, unterschiedliche Marktbedingungen wie saisonbedingte stärkere oder geringere Nachfrage, unterschiedliche Ferienzeiten in den Mitgliedstaaten, unterschiedliche Preisgestaltung der Wettbewerber oder zusätzliche Risiken, die damit verbunden sind, dass sich die rechtlichen Rahmenbedingungen von denen des Niederlassungsmitgliedstaates unterscheiden. Hieraus folgt auch nicht, dass es eine rechtswidrige Diskriminierung darstellen würde, wenn einem Verbraucher eine Dienstleistung nicht erbracht wird, weil die erforderlichen Rechte des geistigen Eigentums in einem bestimmten Hoheitsgebiet nicht vorliegen.

(96) Bei den Möglichkeiten, die der Dienstleistungserbringer hat, um dem Dienstleistungsempfänger die von ihm bereitzustellenden Informationen leicht zugänglich zu machen, sollte die Angabe seiner elektronischen Adresse einschließlich seiner Website vorgesehen werden. Im Übrigen sollte die Verpflichtung des Dienstleistungserbringers, in den ausführlichen Informationsunterlagen über seine Tätigkeit bestimmte Angaben zu machen, nicht für die allgemeine kommerzielle Kommunikation wie etwa Werbung gelten, sondern vielmehr für Dokumente, die ausführliche Angaben über die angebotenen Dienstleistungen enthalten, einschließlich der Dokumente auf einer Website.

(97) Es ist erforderlich, in diese Richtlinie bestimmte Vorschriften zur Gewährleistung einer hohen Qualität der Dienstleistungen, insbesondere in Bezug auf Informations- und Transparenzerfordernisse, aufzunehmen. Diese Vorschriften sollten sowohl für die grenzüberschreitende Erbringung von Dienstleistungen zwischen Mitgliedstaaten als auch für Dienstleistungen, die in einem Mitgliedstaat von einem dort niedergelassenen Anbieter erbracht werden, gelten, ohne dass KMU vermeidbare Belastungen auferlegt werden. Diese Vorschriften sollten die Mitgliedstaaten in keiner Weise daran hindern, in Übereinstimmung mit dieser Richtlinie und anderem Gemeinschaftsrecht zusätzliche oder andere Qualitätsanforderungen zu stellen.

(98) Jeder Marktteilnehmer, dessen Dienstleistungen ein unmittelbares und besonderes Risiko für die Gesundheit, Sicherheit oder die finanzielle Lage des Dienstleistungsempfängers oder eines Dritten darstellen, sollte grds. über eine angemessene Berufshaftpflichtversicherung oder eine andere gleichwer-

tige oder vergleichbare Sicherheit verfügen, was insbesondere bedeutet, dass ein solcher Marktteilnehmer in der Regel für die Erbringung der Dienstleistung in einem oder mehreren anderen Mitgliedstaaten als dem Niederlassungsmitgliedstaat angemessen versichert sein sollte.

(99) Die Versicherung oder Sicherheit sollte der Art und dem Ausmaß des Risikos angemessen sein. Deshalb sollte ein Dienstleistungserbringer nur dann über eine grenzüberschreitende Deckung verfügen müssen, wenn dieser Dienstleistungserbringer tatsächlich in anderen Mitgliedstaaten Dienstleistungen erbringt. Die Mitgliedstaaten sollten keine detaillierteren Vorschriften für die Versicherungsdeckung festlegen und z. B. Mindestwerte für die Versicherungssumme oder Begrenzungen für Ausnahmen von der Deckung vorsehen. Dienstleistungserbringer und Versicherer sollten weiterhin über die nötige Flexibilität verfügen, um genau auf die Art und das Ausmaß des Risikos abgestimmte Versicherungspolicen auszuhandeln. Darüber hinaus ist es nicht notwendig, dass die Verpflichtung zu einer angemessenen Versicherung gesetzlich festgelegt wird. Es sollte ausreichen, wenn die Versicherungspflicht Teil der von den Berufsverbänden festgelegten Standesregeln ist. Ferner sollten Versicherungsunternehmen nicht gezwungen werden, Versicherungsverträge abzuschließen.

(100) Es ist erforderlich absolute Verbote kommerzieller Kommunikation für reglementierte Berufe zu beseitigen, wobei nicht Verbote gemeint sind, die sich auf den Inhalt der kommerziellen Kommunikation beziehen, sondern solche, die diese allgemein und für ganze Berufsgruppen in einer oder mehreren Formen untersagen, beispielsweise ein Verbot von Werbung in einem bestimmten Medium oder in einer Reihe von Medien. Hinsichtlich des Inhalts und der Art und Weise der kommerziellen Kommunikation ist es erforderlich, die Angehörigen der reglementierten Berufe aufzufordern, im Einklang mit dem Gemeinschaftsrecht gemeinschaftsweite Verhaltenskodizes zu erarbeiten.

(101) Es ist erforderlich und im Interesse der Dienstleistungsempfänger, insbesondere der Verbraucher, sicherzustellen, dass die Dienstleistungserbringer die Möglichkeit haben, multidisziplinäre Dienstleistungen anzubieten, und dass die diesbezüglichen Beschränkungen auf das begrenzt werden, was erforderlich ist, um die Unparteilichkeit und Unabhängigkeit sowie die Integrität der reglementierten Berufe zu gewährleisten. Hiervon unberührt bleiben solche Beschränkungen oder Verbote, besondere Tätigkeiten auszuführen, mit denen die Unabhängigkeit in Fällen sichergestellt werden soll, in denen ein Mitgliedstaat einen Dienstleistungserbringer mit einer besonderen Aufgabe, insbesondere im Bereich der Stadtentwicklung, betraut; ferner sollte dies nicht die Anwendung von Wettbewerbsvorschriften berühren.

(102) Um die Transparenz zu erhöhen und sicherzustellen, dass Bewertungen der Qualität der angebotenen und erbrachten Dienstleistungen sich auf vergleichbare Kriterien stützen, ist es wichtig, dass die Informationen über die Bedeutung der Gütesiegel und sonstigen Kennzeichnungen der Dienstleistungen leicht zugänglich sind. Eine solche Transparenzpflicht ist in Bereichen wie dem Fremdenverkehr, namentlich im Hotelgewerbe mit seinen weit verbreiteten Klassifizierungssystemen, besonders wichtig. Im Übrigen ist es angebracht zu untersuchen, in welchem Maß europäische Normung von Nutzen sein kann, um die Vergleichbarkeit und die Qualität der Dienstleistungen zu

erleichtern. Europäische Normen werden von den europäischen Normungsorganisationen, dem Europäischen Komitee für Normung (CEN), dem Europäischen Komitee für elektrotechnische Normung (CENELEC) und dem Europäischen Institut für Telekommunikationsnormen (ETSI) erarbeitet. Soweit erforderlich, kann die Kommission nach den in der Richtlinie 98/34/EG des Europäischen Parlaments und des Rates vom 22. 6. 1998 über ein Informationsverfahren auf dem Gebiet der Normen und technischen Vorschriften und der Vorschriften für die Dienste der Informationsgesellschaft[20] vorgesehenen Verfahren einen Auftrag zur Erarbeitung europäischer Normen erteilen.

(103) Um eventuelle Probleme bei der Befolgung einer Gerichtsentscheidung zu lösen, ist es angezeigt, dass die Mitgliedstaaten gleichwertige Sicherheiten anerkennen, die bei in einem anderen Mitgliedstaat niedergelassenen Instituten oder Einrichtungen wie Banken, Versicherern oder anderen Finanzdienstleistungserbringern bestellt wurden.

(104) Die Entwicklung eines Netzes der für den Verbraucherschutz zuständigen Behörden der Mitgliedstaaten, das Gegenstand der Verordnung (EG) Nr. 2006/2004 ist, ergänzt die in dieser Richtlinie vorgesehene Zusammenarbeit. Die Anwendung der Rechtsvorschriften über den Verbraucherschutz in grenzüberschreitenden Fällen, insbesondere im Hinblick auf die Entwicklung neuer Marketing- und Vertriebspraktiken, ebenso wie die Notwendigkeit, bestimmte Hindernisse für die Zusammenarbeit in diesem Bereich zu beseitigen, erfordern ein erhöhtes Maß an Zusammenarbeit zwischen den Mitgliedstaaten. Insbesondere ist es in diesem Bereich erforderlich sicherzustellen, dass die Mitgliedstaaten von Marktteilnehmern die Beendigung rechtswidriger Praktiken in ihrem Hoheitsgebiet fordern, die auf Verbraucher in anderen Mitgliedstaaten abzielen.

(105) Für ein reibungsloses Funktionieren des Binnenmarktes für Dienstleistungen ist eine Zusammenarbeit der Verwaltungen unerlässlich. Mangelnde Zusammenarbeit zwischen Mitgliedstaaten führt zu einer Zunahme von Vorschriften für Dienstleistungserbringer oder zu doppelten Kontrollen von grenzüberschreitenden Tätigkeiten und kann auch von unseriösen Geschäftemachern dazu genutzt werden, sich einer Kontrolle zu entziehen oder auf Dienstleistungen anwendbare nationale Vorschriften zu umgehen. Es ist daher unverzichtbar, klare und rechtsverbindliche Verpflichtungen der Mitgliedstaaten zur wirksamen Zusammenarbeit festzulegen.

(106) Für die Zwecke des Kapitels über Verwaltungszusammenarbeit sollte »Kontrolle« Tätigkeiten wie Überwachung und Faktenermittlung, Problemlösung, Verhängung und Vollstreckung von Sanktionen sowie die damit verbundenen Folgemaßnahmen umfassen.

(107) Unter normalen Umständen sollte die Amtshilfe direkt zwischen den zuständigen Behörden erfolgen. Die von den Mitgliedstaaten benannten Verbindungsstellen sollten nur dann aufgefordert werden, diesen Prozess zu unterstützen, wenn Schwierigkeiten auftreten, z. B. wenn Hilfe erforderlich ist, um die entsprechende zuständige Behörde zu ermitteln.

(108) Bestimmte Verpflichtungen zur Amtshilfe sollten für alle Fragen gelten, auf die sich diese Richtlinie erstreckt; hierzu gehören auch Verpflichtungen im Zusammenhang mit Fällen, in denen sich der Dienstleistungserbringer in einem

anderen Mitgliedstaat niederlässt. Andere Verpflichtungen zur Amtshilfe sollten nur in den Fällen der grenzüberschreitenden Erbringung von Dienstleistungen Anwendung finden, in denen die Bestimmungen über die Dienstleistungsfreiheit gelten. Eine Reihe weiterer Verpflichtungen sollten in allen Fällen der grenzüberschreitenden Erbringung von Dienstleistungen Anwendung finden, also auch in Bereichen, die nicht von den Bestimmungen über die Dienstleistungsfreiheit erfasst werden. Die grenzüberschreitende Erbringung von Dienstleistungen sollte auch solche Fälle umfassen, in denen die Dienstleistungen aus der Ferne erbracht werden, und solche, in denen sich der Dienstleistungsempfänger in den Niederlassungsmitgliedstaat des Dienstleistungserbringers begibt, um die Dienstleistung in Anspruch zu nehmen.

(109) Für die Fälle, in denen sich der Dienstleistungserbringer vorübergehend in einen anderen Mitgliedstaat als seinen Niederlassungsmitgliedstaat begibt, muss eine Amtshilfe zwischen diesen beiden Mitgliedstaaten vorgesehen werden, damit der Bestimmungsmitgliedstaat im Auftrag des Niederlassungsmitgliedstaats Überprüfungen, Kontrollen und Untersuchungen durchführen kann oder aber, wenn es lediglich um die Sachverhaltsfeststellung geht, von sich aus tätig werden kann.

(110) Es sollte Mitgliedstaaten nicht möglich sein, die Vorschriften dieser Richtlinie, einschließlich der Bestimmungen über die Dienstleistungsfreiheit, dadurch zu umgehen, dass sie diskriminierende oder unverhältnismäßige Überprüfungen, Kontrollen oder Ermittlungen durchführen.

(111) Die sich auf den Austausch von Informationen über die Zuverlässigkeit der Dienstleistungserbringer beziehenden Bestimmungen dieser Richtlinie sollten Initiativen im Bereich der polizeilichen und justiziellen Zusammenarbeit in Strafsachen nicht vorgreifen, insbesondere nicht Initiativen zum Austausch von Informationen zwischen den Strafverfolgungsbehörden und über Strafregister der Mitgliedstaaten.

(112) Die Zusammenarbeit zwischen den Mitgliedstaaten erfordert ein gut funktionierendes elektronisches Informationssystem, damit die zuständigen Behörden ihre jeweiligen Ansprechpartner in anderen Mitgliedstaaten leicht ermitteln und wirksam mit ihnen kommunizieren können.

(113) Es ist vorzusehen, dass die Mitgliedstaaten in Zusammenarbeit mit der Kommission Interessengruppen ermutigen, gemeinschaftsweite Verhaltenskodizes auszuarbeiten, die, unter Berücksichtigung der Besonderheiten jedes Berufs, insbesondere die Dienstleistungsqualität verbessern sollen. Diese Verhaltenskodizes sollten mit dem Gemeinschaftsrecht, vor allem dem Wettbewerbsrecht, vereinbar sein. Sie sollten mit rechtsverbindlichen Berufsregeln in den Mitgliedstaaten vereinbar sein.

(114) Die Mitgliedstaaten sollten die Ausarbeitung von Verhaltenskodizes insbesondere durch Berufsverbände, -organisationen und -vereinigungen auf Gemeinschaftsebene unterstützen. Diese Verhaltenskodizes sollten je nach Art der einzelnen Berufe Bestimmungen über die kommerzielle Kommunikation in den reglementierten Berufen sowie die Standesregeln der reglementierten Berufe enthalten, die insbesondere die Wahrung der Unabhängigkeit, der Unparteilichkeit und des Berufsgeheimnisses gewährleisten sollen. Darüber hinaus sollten die Voraussetzungen für die Ausübung der Tätigkeit von Immobilienmaklern in diese Verhaltenskodizes einbezogen werden. Die Mitgliedstaaten sollten begleitende Maß-

nahmen ergreifen, um die Berufsverbände, -organisationen und -vereinigungen zu ermutigen, die auf Gemeinschaftsebene verabschiedeten Verhaltenskodizes auf nationaler Ebene umzusetzen.

(115) Verhaltenskodizes auf Gemeinschaftsebene sollen dazu dienen, Mindestverhaltensnormen festzulegen, und sie ergänzen die rechtlichen Anforderungen der Mitgliedstaaten. Sie hindern die Mitgliedstaaten nicht daran, im Einklang mit dem Gemeinschaftsrecht strengere rechtliche Maßnahmen zu erlassen, oder die nationalen Berufsverbände, einen stärkeren Schutz in ihren nationalen Verhaltenskodizes vorzusehen.

(116) Da die Ziele dieser Richtlinie, nämlich die Beseitigung von Beschränkungen der Niederlassungsfreiheit von Dienstleistungserbringern in den Mitgliedstaaten und für den freien Dienstleistungsverkehr zwischen den Mitgliedstaaten, auf Ebene der Mitgliedstaaten nicht ausreichend verwirklicht werden können und daher wegen des Umfangs der Maßnahme besser auf Gemeinschaftsebene zu verwirklichen sind, kann die Gemeinschaft im Einklang mit dem in Artikel 5 des Vertrags niedergelegten Subsidiaritätsprinzip tätig werden. Entsprechend dem in demselben Artikel genannten Grundsatz der Verhältnismäßigkeit geht diese Richtlinie nicht über das zur Erreichung dieser Ziele erforderliche Maß hinaus.

(117) Die zur Durchführung dieser Richtlinie erforderlichen Maßnahmen sollten gemäß dem Beschluss 1999/468/EG des Rates vom 28. 6. 1999 zur Festlegung der Modalitäten für die Ausübung der der Kommission übertragenen Durchführungsbefugnisse[21] erlassen werden.

(118) Gemäß Nummer 34 der Interinstitutionellen Vereinbarung über bessere Rechtsetzung[22] sind die Mitgliedstaaten aufgefordert, für ihre eigenen Zwecke und im Interesse der Gemeinschaft eigene Tabellen aufzustellen, aus denen im Rahmen des Möglichen die Entsprechungen zwischen dieser Richtlinie und den Umsetzungsmaßnahmen zu entnehmen sind, und diese zu veröffentlichen –

haben folgende Richtlinie erlassen:

1) ABl. C 221 vom 8. 9. 2005, S. 113.

2) ABl. C 43 vom 18. 2. 2005, S. 18.

3) Stellungnahme des Europäischen Parlaments vom 16. 2. 2006 (noch nicht im Amtsblatt veröffentlicht), Gemeinsamer Standpunkt des Rates vom 24. 7. 2006 (ABl. C 270 E vom 7. 11. 2006, S. 1) und Standpunkt des Europäischen Parlaments vom 15. 11. 2006. Beschluss des Rates vom 11. 12. 2006.

4) ABl. L 177 vom 30. 6. 2006, S. 1.

5) ABl. L 108 vom 24. 4. 2002, S. 7.

6) ABl. L 108 vom 24. 4. 2002, S. 21.

7) ABl. L 108 vom 24. 4. 2002, S. 33.

8) ABl. L 108 vom 24. 4. 2002, S. 51.

9) ABl. L 201 vom 31. 7. 2002, S. 37. Geändert durch die Richtlinie 2006/24/EG (ABl. L 105 vom 13. 4. 2006, S. 54).

10) ABl. L 149 vom 5. 7. 1971, S. 2. Zuletzt geändert durch die Verordnung (EG) Nr. 629/2006 des Europäischen Parlaments und des Rates (ABl. L 114 vom 27. 4. 2006, S. 1).

11) ABl. L 255 vom 30. 9. 2005, S. 22.

12) ABl. L 149 vom 11. 6. 2005, S. 22.

13) ABl. L 364 vom 9. 12. 2004, S. 1. Geändert durch die Richtlinie 2005/29/EG.

14) ABl. L 16 vom 23. 1. 2004, S. 44.

15) ABl. L 124 vom 20. 5. 2003, S. 1.

16) ABl. L 158 vom 30. 4. 2004, S. 77.

17) ABl. L 13 vom 19. 1. 2000, S. 12.

18) ABl. L 178 vom 17. 7. 2000, S. 1.

19) ABl. L 18 vom 21. 1. 1997, S. 1.

20) ABl. L 204 vom 21. 7. 1998, S. 37. Zuletzt geändert durch die Beitrittsakte von 2003.

21) ABl. L 184 vom 17. 7. 1999, S. 23. Geändert durch den Beschluss 2006/512/EG (ABl. L 200 vom 22. 7. 2006, S. 11).

22) ABl. C 321 vom 31. 12. 2003, S. 1.

Kapitel I
Allgemeine Bestimmungen

Artikel 1 Gegenstand

(1) Diese Richtlinie enthält allgemeine Bestimmungen, die bei gleichzeitiger Gewährleistung einer hohen Qualität der Dienstleistungen die Wahrnehmung der Niederlassungsfreiheit durch Dienstleistungserbringer sowie den freien Dienstleistungsverkehr erleichtern sollen.

(2) Diese Richtlinie betrifft weder die Liberalisierung von Dienstleistungen von allgemeinem wirtschaftlichem Interesse, die öffentlichen oder privaten Einrichtungen vorbehalten sind, noch die Privatisierung öffentlicher Einrichtungen, die Dienstleistungen erbringen.

(3) Diese Richtlinie betrifft weder die Abschaffung von Dienstleistungsmonopolen noch von den Mitgliedstaaten gewährte Beihilfen, die unter die gemeinschaftlichen Wettbewerbsvorschriften fallen.

Diese Richtlinie berührt nicht das Recht der Mitgliedstaaten, im Einklang mit dem Gemeinschaftsrecht festzulegen, welche Leistungen sie als von allgemeinem wirtschaftlichem Interesse erachten, wie diese Dienstleistungen unter Beachtung der Vorschriften über staatliche Beihilfen organisiert und finanziert werden sollten und welchen spezifischen Verpflichtungen sie unterliegen sollten.

(4) Diese Richtlinie berührt nicht die Maßnahmen, die auf gemeinschaftlicher oder nationaler Ebene im Einklang mit dem Gemeinschaftsrecht ergriffen werden, um die kulturelle oder sprachliche Vielfalt oder den Medienpluralismus zu schützen oder zu fördern.

(5) Diese Richtlinie berührt nicht das Strafrecht der Mitgliedstaaten. Die Mitgliedstaaten dürfen jedoch nicht unter Umgehung der Vorschriften dieser Richtlinie die Dienstleistungsfreiheit dadurch einschränken, dass sie Strafrechtsbestimmungen anwenden, die die Aufnahme oder Ausübung einer Dienstleistungstätigkeit gezielt regeln oder beeinflussen.

(6) Diese Richtlinie berührt nicht das Arbeitsrecht, d. h. gesetzliche oder vertragliche Bestimmungen über Arbeits- und Beschäftigungsbedingungen, einschließlich des Gesundheitsschutzes und der Sicherheit am Arbeitsplatz und über die Beziehungen zwischen Arbeitgebern und Arbeitnehmern, die von den Mitgliedstaaten gemäß nationalem Recht unter Wahrung des Gemeinschaftsrechts angewandt werden. In gleicher Weise berührt die Richtlinie auch nicht die Rechtsvorschriften der Mitgliedstaaten über die soziale Sicherheit.

(7) Diese Richtlinie berührt nicht die Ausübung der in den Mitgliedstaaten und durch das Gemeinschaftsrecht anerkannten Grundrechte. Sie berührt auch nicht das Recht, gemäß nationalem Recht und nationalen Praktiken unter Wahrung des Gemeinschaftsrechts Tarifverträge auszuhandeln, abzuschließen und durchzusetzen sowie Arbeitskampfmaßnahmen zu ergreifen.

Artikel 2 Anwendungsbereich

(1) Diese Richtlinie gilt für Dienstleistungen, die von einem in einem Mitgliedstaat niedergelassenen Dienstleistungserbringer angeboten werden.

(2) Diese Richtlinie findet auf folgende Tätigkeiten keine Anwendung:
a) nicht-wirtschaftliche Dienstleistungen von allgemeinem Interesse;
b) Finanzdienstleistungen wie Bankdienstleistungen und Dienstleistungen im Zusammenhang mit einer Kreditgewährung, Versicherung und Rückversicherung, betrieblicher oder individueller Altersversorgung, Wertpapieren, Geldanlagen, Zahlungen, Anlageberatung, einschließlich der in Anhang I der Richtlinie 2006/48/EG aufgeführten Dienstleistungen;
c) Dienstleistungen und Netze der elektronischen Kommunikation sowie zugehörige Einrichtungen und Dienste in den Bereichen, die in den Richtlinien 2002/19/EG, 2002/20/EG, 2002/21/EG, 2002/22/EG und 2002/58/EG geregelt sind;
d) Verkehrsdienstleistungen einschließlich Hafendienste, die in den Anwendungsbereich von Titel V des Vertrags fallen;
e) Dienstleistungen von Leiharbeitsagenturen;
f) Gesundheitsdienstleistungen, unabhängig davon, ob sie durch Einrichtungen der Gesundheitsversorgung erbracht werden, und unabhängig davon, wie sie auf nationaler Ebene organisiert und finanziert sind, und ob es sich um öffentliche oder private Dienstleistungen handelt;
g) audiovisuelle Dienste, auch im Kino- und Filmbereich, ungeachtet der Art ihrer Herstellung, Verbreitung und Ausstrahlung, und Rundfunk;
h) Glücksspiele, die einen geldwerten Einsatz verlangen, einschließlich Lotterien, Glücksspiele in Spielkasinos und Wetten;
i) Tätigkeiten, die im Sinne des Artikels 45 des Vertrags mit der Ausübung öffentlicher Gewalt verbunden sind;
j) soziale Dienstleistungen im Zusammenhang mit Sozialwohnungen, der Kinderbetreuung und der Unterstützung von Familien und dauerhaft oder vorübergehend hilfsbedürftigen Personen, die vom Staat, durch von ihm beauftragte Dienstleistungserbringer oder durch von ihm als gemeinnützig anerkannte Einrichtungen erbracht werden;
k) private Sicherheitsdienste;
l) Tätigkeiten von Notaren und Gerichtsvollziehern, die durch staatliche Stellen bestellt werden.

(3) Die Richtlinie gilt nicht für den Bereich der Steuern.

Artikel 3 Verhältnis zu geltendem Gemeinschaftsrecht

(1) Widersprechen Bestimmungen dieser Richtlinie einer Bestimmung eines anderen Gemeinschaftsrechtsaktes, der spezifische Aspekte der Aufnahme oder Ausübung einer Dienstleistungstätigkeit in bestimmten Bereichen oder bestimmten Berufen regelt, so hat die Bestimmung des anderen Gemeinschaftsrechtsaktes Vorrang und findet auf die betreffenden Bereiche oder Berufe Anwendung. Dies gilt insbesondere für:
a) die Richtlinie 96/71/EG;
b) die Verordnung (EWG) Nr. 1408/71;

c) die Richtlinie 89/552/EWG des Rates vom 3. 10. 1989 zur Koordinierung bestimmter Rechts- und Verwaltungsvorschriften der Mitgliedstaaten über die Ausübung der Fernsehtätigkeit [1];
d) die Richtlinie 2005/36/EG.

(2) Diese Richtlinie betrifft nicht die Regeln des internationalen Privatrechts, insbesondere die Regeln des auf vertragliche und außervertragliche Schuldverhältnisse anzuwendenden Rechts, einschließlich der Bestimmungen, die sicherstellen, dass die Verbraucher durch die im Verbraucherrecht ihres Mitgliedstaats niedergelegten Verbraucherschutzregeln geschützt sind.

(3) Die Mitgliedstaaten setzen die Bestimmungen dieser Richtlinie in Übereinstimmung mit den Bestimmungen des Vertrags über die Niederlassungsfreiheit und den freien Dienstleistungsverkehr um.

1) ABl. L 298 vom 17. 10. 1989, S. 23. Geändert durch Richtlinie 97/36/EG des Europäischen Parlaments und des Rates (ABl. L 202 vom 30. 7. 1997, S. 60).

Artikel 4 Begriffsbestimmungen

Für die Zwecke dieser Richtlinie bezeichnet der Ausdruck:
1. »Dienstleistung« jede von Artikel 50 des Vertrags erfasste selbständige Tätigkeit, die in der Regel gegen Entgelt erbracht wird;
2. »Dienstleistungserbringer« jede natürliche Person, die die Staatsangehörigkeit eines Mitgliedstaats besitzt, und jede in einem Mitgliedstaat niedergelassene juristische Person im Sinne des Artikels 48 des Vertrags, die eine Dienstleistung anbietet oder erbringt;
3. »Dienstleistungsempfänger« jede natürliche Person, die die Staatsangehörigkeit eines Mitgliedstaats besitzt oder die in den Genuss von Rechten aus gemeinschaftlichen Rechtsakten kommt, oder jede in einem Mitgliedstaat niedergelassene juristische Person im Sinne des Artikels 48 des Vertrags, die für berufliche oder andere Zwecke eine Dienstleistung in Anspruch nimmt oder in Anspruch nehmen möchte;
4. »Niederlassungsmitgliedstaat« den Mitgliedstaat, in dessen Hoheitsgebiet der Dienstleistungserbringer niedergelassen ist;
5. »Niederlassung« die tatsächliche Ausübung einer von Artikel 43 des Vertrags erfassten wirtschaftlichen Tätigkeit durch den Dienstleistungserbringer auf unbestimmte Zeit und mittels einer festen Infrastruktur, von der aus die Geschäftstätigkeit der Dienstleistungserbringung tatsächlich ausgeübt wird;
6. »Genehmigungsregelung« jedes Verfahren, das einen Dienstleistungserbringer oder -empfänger verpflichtet, bei einer zuständigen Behörde eine förmliche oder stillschweigende Entscheidung über die Aufnahme oder Ausübung einer Dienstleistungstätigkeit zu erwirken;
7. »Anforderungen« alle Auflagen, Verbote, Bedingungen oder Beschränkungen, die in den Rechts- oder Verwaltungsvorschriften der Mitgliedstaaten festgelegt sind oder sich aus der Rechtsprechung, der Verwaltungspraxis, den Regeln von Berufsverbänden oder den kollektiven Regeln, die von Berufsvereinigungen oder sonstigen Berufsorganisationen in Ausübung ihrer Rechtsautonomie erlassen wurden, erge-

ben; Regeln, die in von den Sozialpartnern ausgehandelten Tarifverträgen festgelegt wurden, sind als solche keine Anforderungen im Sinne dieser Richtlinie;

8. »zwingende Gründe des Allgemeininteresses« Gründe, die der Gerichtshof in ständiger Rechtsprechung als solche anerkannt hat, einschließlich folgender Gründe: öffentliche Ordnung; öffentliche Sicherheit; Sicherheit der Bevölkerung; öffentliche Gesundheit; Erhaltung des finanziellen Gleichgewichts der Systeme der sozialen Sicherung; Schutz der Verbraucher, der Dienstleistungsempfänger und der Arbeitnehmer; Lauterkeit des Handelsverkehrs; Betrugsbekämpfung; Schutz der Umwelt und der städtischen Umwelt; Tierschutz; geistiges Eigentum; Erhaltung des nationalen historischen und künstlerischen Erbes; Ziele der Sozialpolitik und Ziele der Kulturpolitik;
9. »zuständige Behörde« jede Stelle oder Behörde, die in einem Mitgliedstaat eine Kontroll- oder Regulierungsfunktion für Dienstleistungstätigkeiten innehat, insbesondere Verwaltungsbehörden, einschließlich der als Verwaltungsbehörden fungierenden Gerichte, Berufsverbände und der Berufsvereinigungen oder sonstigen Berufsorganisationen, die im Rahmen ihrer Rechtsautonomie die Aufnahme oder Ausübung einer Dienstleistungstätigkeit kollektiv regeln;
10. »Mitgliedstaat der Dienstleistungserbringung« den Mitgliedstaat, in dem die Dienstleistung von einem in einem anderen Mitgliedstaat niedergelassenen Dienstleistungserbringer erbracht wird;
11. »reglementierter Beruf« eine berufliche Tätigkeit oder eine Gruppe beruflicher Tätigkeiten im Sinne des Artikels 3 Abs. 1 Buchst. a der Richtlinie 2005/36/EG;
12. »kommerzielle Kommunikation« alle Formen der Kommunikation, die der unmittelbaren oder mittelbaren Förderung des Absatzes von Waren und Dienstleistungen oder des Erscheinungsbildes eines Unternehmens, einer Organisation oder einer natürlichen Person dienen, die eine Tätigkeit in Handel, Gewerbe oder Handwerk oder einen reglementierten Beruf ausübt. Folgende Angaben stellen als solche keine Form der kommerziellen Kommunikation dar:
    a) Angaben, die direkten Zugang zur Tätigkeit des Unternehmens, der Organisation oder der Person ermöglichen, wie insbesondere ein Domain-Name oder eine E-Mail-Adresse,
    b) Angaben in Bezug auf Waren und Dienstleistungen oder das Erscheinungsbild eines Unternehmens, einer Organisation oder einer Person, die unabhängig und insbesondere ohne finanzielle Gegenleistung zusammengestellt werden.

Kapitel II
Verwaltungsvereinfachung

Artikel 5 Vereinfachung der Verfahren

(1) Die Mitgliedstaaten prüfen die für die Aufnahme und die Ausübung einer Dienstleistungstätigkeit geltenden Verfahren und Formalitäten. Sind die nach diesem Absatz geprüften Verfahren und Formalitäten nicht einfach genug, so werden sie von den Mitgliedstaaten vereinfacht.

(2) Die Kommission kann nach dem in Artikel 40 Abs. 2 genannten Verfahren auf Gemeinschaftsebene einheitliche Formblätter einführen. Diese Formblätter sind Zeugnissen, Bescheinigungen und sonstigen vom Dienstleistungserbringer vorzulegenden Dokumenten gleichwertig.

(3) Verlangen die Mitgliedstaaten von einem Dienstleistungserbringer oder -empfänger ein Zeugnis, eine Bescheinigung oder ein sonstiges Dokument zum Nachweis der Erfüllung einer Anforderung, so erkennen die Mitgliedstaaten alle Dokumente eines anderen Mitgliedstaates an, die eine gleichwertige Funktion haben oder aus denen hervorgeht, dass die betreffende Anforderung erfüllt ist. Die Mitgliedstaaten dürfen nicht verlangen, dass Dokumente eines anderen Mitgliedstaates im Original, in beglaubigter Kopie oder in beglaubigter Übersetzung vorgelegt werden, außer in den Fällen, in denen dies in anderen Gemeinschaftsrechtsakten vorgesehen ist, oder wenn zwingende Gründe des Allgemeininteresses, einschließlich der öffentlichen Ordnung und Sicherheit, dies erfordern.

Unterabsatz 1 berührt nicht das Recht der Mitgliedstaaten, nicht beglaubigte Übersetzungen von Dokumenten in einer ihrer Amtssprachen zu verlangen.

(4) Absatz 3 gilt nicht für Dokumente im Sinne des Artikels 7 Abs. 2 und des Artikels 50 der Richtlinie 2005/36/EG, des Artikels 45 Abs. 3 und der Artikel 46, 49 und 50 der Richtlinie 2004/18/EG des Europäischen Parlaments und des Rates vom 31. 3. 2004 über die Koordinierung der Verfahren zur Vergabe öffentlicher Bauaufträge, Lieferaufträge und Dienstleistungsaufträge [1], des Artikels 3 Abs. 2 der Richtlinie 98/5/EG des Europäischen Parlaments und des Rates vom 16. 2. 1998 zur Erleichterung der ständigen Ausübung des Rechtsanwaltsberufs in einem anderen Mitgliedstaat als dem, in dem die Qualifikation erworben wurde [2], der 1. Richtlinie 68/151/EWG des Rates vom 9. 3. 1968 zur Koordinierung der Schutzbestimmungen, die in den Mitgliedstaaten den Gesellschaften im Sinne des Artikels 58 Abs. 2 des Vertrags im Interesse der Gesellschafter sowie Dritter vorgeschrieben sind, um diese Bestimmungen gleichwertig zu gestalten [3] und der 11. Richtlinie 89/666/EWG des Rates vom 21. 12. 1989 über die Offenlegung von Zweigniederlassungen, die in einem Mitgliedstaat von Gesellschaften bestimmter Rechtsformen errichtet wurden, die dem Recht eines anderen Staates unterliegen [4].

1) ABl. L 134 vom 30. 4. 2004, S. 114. Zuletzt geändert durch die Verordnung (EG) Nr. 2083/2005 der Kommission (ABl. L 333 vom 20. 12. 2005, S. 28).

2) ABl. L 77 vom 14. 3. 1998, S. 36. Geändert durch die Beitrittsakte von 2003.

3) ABl. L 65 vom 14. 3. 1968, S. 8. Zuletzt geändert durch die Richtlinie 2003/58/EG des Europäischen Parlaments und des Rates (ABl. L 221 vom 4. 9. 2003, S. 13).

4) ABl. L 395 vom 30. 12. 1989, S. 36.

Artikel 6 Einheitliche Ansprechpartner

(1) Die Mitgliedstaaten stellen sicher, dass Dienstleistungserbringer folgende Verfahren und Formalitäten über einheitliche Ansprechpartner abwickeln können:

a) alle Verfahren und Formalitäten, die für die Aufnahme ihrer Dienstleistungstätigkeiten erforderlich sind, insbesondere Erklärungen, Anmeldungen oder die Beantragung von Genehmigungen bei den zuständigen Behörden, einschließlich der Beantragung der Eintragung in Register, Berufsrollen oder Datenbanken oder der Registrierung bei Berufsverbänden oder Berufsorganisationen;

b) die Beantragung der für die Ausübung ihrer Dienstleistungstätigkeit erforderlichen Genehmigungen.

(2) Die Schaffung einheitlicher Ansprechpartner berührt nicht die Verteilung von Zuständigkeiten und Befugnissen zwischen Behörden innerhalb der nationalen Systeme.

Artikel 7 Recht auf Information

(1) Die Mitgliedstaaten stellen sicher, dass Dienstleistungserbringern und -empfängern über die einheitlichen Ansprechpartner folgende Informationen leicht zugänglich sind:

a) die Anforderungen, die für in ihrem Hoheitsgebiet niedergelassene Dienstleistungserbringer gelten, insbesondere bezüglich der Verfahren und Formalitäten für die Aufnahme und Ausübung von Dienstleistungstätigkeiten;
b) die Angaben über die zuständigen Behörden, einschließlich der für die Ausübung von Dienstleistungstätigkeiten zuständigen Behörden, um eine direkte Kontaktaufnahme mit diesen zu ermöglichen;
c) die Mittel und Bedingungen für den Zugang zu öffentlichen Registern und Datenbanken über Dienstleistungserbringer und Dienstleistungen;
d) die allgemein verfügbaren Rechtsbehelfe im Falle von Streitigkeiten zwischen den zuständigen Behörden und den Dienstleistungserbringern oder -empfängern oder zwischen Dienstleistungserbringern und -empfängern oder zwischen Dienstleistungserbringern;
e) die Angaben zu Verbänden oder Organisationen, die, ohne eine zuständige Behörde zu sein, Dienstleistungserbringer oder -empfänger praktisch unterstützen.

(2) Die Mitgliedstaaten stellen sicher, dass die Dienstleistungserbringer und -empfänger von den zuständigen Behörden auf Anfrage Unterstützung in Form von Informationen über die gewöhnliche Auslegung und Anwendung der maßgeblichen Anforderungen gemäß Absatz 1 Buchst. a erhalten können. Sofern angebracht, schließt diese Beratung einen einfachen Schritt-für-Schritt-Leitfaden ein. Die Informationen sind in einfacher und verständlicher Sprache zu erteilen.

(3) Die Mitgliedstaaten stellen sicher, dass die in den Absätzen 1 und 2 genannten Informationen und Unterstützung in einer klaren und unzweideutigen Weise erteilt werden, aus der Ferne und elektronisch leicht zugänglich sind sowie dem neuesten Stand entsprechen.

(4) Die Mitgliedstaaten stellen sicher, dass die einheitlichen Ansprechpartner und die zuständigen Behörden alle Auskunfts- oder Unterstützungsersuchen gemäß den Absätzen 1 und 2 so schnell wie möglich beantworten und den Antragsteller unverzüglich davon in Kenntnis setzen, wenn sein Ersuchen fehlerhaft oder unbegründet ist.

(5) Die Mitgliedstaaten und die Kommission ergreifen begleitende Maßnahmen, um die Bereitschaft der einheitlichen Ansprechpartner zu fördern, die in diesem Artikel genannten Informationen auch in anderen Gemeinschaftssprachen bereitzustellen.

Dies berührt nicht die Rechtsvorschriften der Mitgliedstaaten über die Verwendung von Sprachen.

(6) Die Verpflichtung der zuständigen Behörden zur Unterstützung der Dienstleistungserbringer und -empfänger umfasst keine Rechtsberatung in Einzelfällen, sondern betrifft lediglich allgemeine Informationen darüber, wie Anforderungen gewöhnlich ausgelegt oder angewandt werden.

Artikel 8 Elektronische Verfahrensabwicklung

(1) Die Mitgliedstaaten stellen sicher, dass alle Verfahren und Formalitäten, die die Aufnahme oder die Ausübung einer Dienstleistungstätigkeit betreffen, problemlos aus der Ferne und elektronisch über den betreffenden einheitlichen Ansprechpartner oder bei der betreffenden zuständigen Behörde abgewickelt werden können.

(2) Absatz 1 betrifft nicht die Kontrolle des Ortes der Dienstleistungserbringung oder die Überprüfung der vom Dienstleistungserbringer verwendeten Ausrüstungsgegenstände oder die physische Untersuchung der Eignung oder persönlichen Zuverlässigkeit des Dienstleistungserbringers oder seiner zuständigen Mitarbeiter.

(3) Die Kommission erlässt nach dem in Artikel 40 Abs. 2 genannten Verfahren Durchführungsbestimmungen zu Absatz 1 des vorliegenden Artikels, um die Interoperabilität der Informationssysteme und die Nutzung der elektronischen Verfahren zwischen den Mitgliedstaaten zu erleichtern, wobei auf Gemeinschaftsebene entwickelte gemeinsame Standards berücksichtigt werden.

Kapitel III
Niederlassungsfreiheit der Dienstleistungserbringer

Abschnitt 1
Genehmigungen

Artikel 9 Genehmigungsregelungen

(1) Die Mitgliedstaaten dürfen die Aufnahme und die Ausübung einer Dienstleistungstätigkeit nur dann Genehmigungsregelungen unterwerfen, wenn folgende Voraussetzungen erfüllt sind:

a) die Genehmigungsregelungen sind für den betreffenden Dienstleistungserbringer nicht diskriminierend;
b) die Genehmigungsregelungen sind durch zwingende Gründe des Allgemeininteresses gerechtfertigt;
c) das angestrebte Ziel kann nicht durch ein milderes Mittel erreicht werden, insbesondere weil eine nachträgliche Kontrolle zu spät erfolgen würde, um wirksam zu sein.

(2) Die Mitgliedstaaten nennen in dem in Artikel 39 Abs. 1 genannten Bericht die

in ihrer jeweiligen Rechtsordnung vorgesehenen Genehmigungsregelungen und begründen deren Vereinbarkeit mit Absatz 1 des vorliegenden Artikels.

(3) Dieser Abschnitt gilt nicht für diejenigen Aspekte der Genehmigungsregelungen, die direkt oder indirekt durch andere Gemeinschaftsrechtsakte geregelt sind.

Artikel 10 Voraussetzungen für die Erteilung der Genehmigung

(1) Die Genehmigungsregelungen müssen auf Kriterien beruhen, die eine willkürliche Ausübung des Ermessens der zuständigen Behörden verhindern.

(2) Die in Absatz 1 genannten Kriterien müssen:
a) nicht diskriminierend sein;
b) durch einen zwingenden Grund des Allgemeininteresses gerechtfertigt sein;
c) in Bezug auf diesen Grund des Allgemeininteresses verhältnismäßig sein;
d) klar und unzweideutig sein;
e) objektiv sein;
f) im Voraus bekannt gemacht werden;
g) transparent und zugänglich sein.

(3) Die Voraussetzungen für die Erteilung der Genehmigung für eine neue Niederlassung dürfen nicht zu einer doppelten Anwendung von gleichwertigen oder auf Grund ihrer Zielsetzung im Wesentlichen vergleichbaren Anforderungen und Kontrollen führen, denen der Dienstleistungserbringer bereits in einem anderen oder im selben Mitgliedstaat unterworfen ist. Die in Artikel 28 Abs. 2 genannten Verbindungsstellen und der Dienstleistungserbringer unterstützen die zuständige Behörde durch Übermittlung der im Hinblick auf diese Anforderungen notwendigen Informationen.

(4) Die Genehmigung ermöglicht dem Dienstleistungserbringer die Aufnahme oder die Ausübung der Dienstleistungstätigkeit im gesamten Hoheitsgebiet des betreffenden Mitgliedstaats, einschließlich der Einrichtung von Agenturen, Zweigniederlassungen, Tochtergesellschaften oder Geschäftsstellen, sofern nicht zwingende Gründe des Allgemeininteresses eine Genehmigung für jede einzelne Betriebsstätte oder eine Beschränkung der Genehmigung auf einen bestimmten Teil des Hoheitsgebiets rechtfertigen.

(5) Die Genehmigung wird erteilt, sobald eine angemessene Prüfung ergibt, dass die Genehmigungsvoraussetzungen erfüllt sind.

(6) Abgesehen von dem Fall, in dem eine Genehmigung erteilt wird, sind alle anderen Entscheidungen der zuständigen Behörden, einschließlich der Ablehnung oder des Widerrufs einer Genehmigung, ausführlich zu begründen; sie sind einer Überprüfung durch ein Gericht oder eine andere Rechtsbehelfsinstanz zugänglich.

(7) Dieser Artikel stellt die Verteilung der lokalen oder regionalen Zuständigkeiten der mitgliedstaatlichen Behörden, die solche Genehmigungen erteilen, nicht in Frage.

Artikel 11 Geltungsdauer der Genehmigung

(1) Die dem Dienstleistungserbringer erteilte Genehmigung darf nicht befristet werden, es sei denn:
a) die Genehmigung wird automatisch verlängert oder hängt lediglich von der fortbestehenden Erfüllung der Anforderungen ab;
b) die Zahl der verfügbaren Genehmigungen ist durch zwingende Gründe des Allgemeininteresses begrenzt, oder
c) eine Befristung ist durch einen zwingenden Grund des Allgemeininteresses gerechtfertigt.

(2) Absatz 1 betrifft nicht die Höchstfrist, innerhalb derer der Dienstleistungserbringer nach Erteilung der Genehmigung seine Tätigkeit tatsächlich aufnehmen muss.

(3) Die Mitgliedstaaten verpflichten den Dienstleistungserbringer, den betreffenden in Artikel 6 genannten einheitlichen Ansprechpartner über folgende Änderungen zu informieren:
a) die Gründung von Tochtergesellschaften, deren Tätigkeiten der Genehmigungsregelung unterworfen sind;
b) Änderungen seiner Situation, die dazu führen, dass die Voraussetzungen für die Erteilung der Genehmigung nicht mehr erfüllt sind.

(4) Dieser Artikel lässt die Möglichkeit der Mitgliedstaaten unberührt, Genehmigungen zu widerrufen, wenn die Voraussetzungen für die Erteilung der Genehmigung nicht mehr erfüllt sind.

Artikel 12 Auswahl zwischen mehreren Bewerbern

(1) Ist die Zahl der für eine bestimmte Dienstleistungstätigkeit verfügbaren Genehmigungen auf Grund der Knappheit der natürlichen Ressourcen oder der verfügbaren technischen Kapazitäten begrenzt, so wenden die Mitgliedstaaten ein neutrales und transparentes Verfahren zur Auswahl der Bewerber an und machen insbesondere die Eröffnung, den Ablauf und den Ausgang des Verfahrens angemessen bekannt.

(2) In den in Absatz 1 genannten Fällen wird die Genehmigung für einen angemessen befristeten Zeitraum gewährt und darf weder automatisch verlängert werden noch dem Dienstleistungserbringer, dessen Genehmigung gerade abgelaufen ist, oder Personen, die in besonderer Beziehung zu diesem Dienstleistungserbringer stehen, irgendeine andere Begünstigung gewähren.

(3) Vorbehaltlich des Absatzes 1 und der Artikel 9 und 10 können die Mitgliedstaaten bei der Festlegung der Regeln für das Auswahlverfahren unter Beachtung des Gemeinschaftsrechts Überlegungen im Hinblick auf die öffentliche Gesundheit, sozialpolitische Ziele, die Gesundheit und Sicherheit von Arbeitnehmern oder Selbständigen, den Schutz der Umwelt, die Erhaltung des kulturellen Erbes sowie jeden anderen zwingenden Grund des Allgemeininteresses berücksichtigen.

Artikel 13 Genehmigungsverfahren

(1) Die Genehmigungsverfahren und -formalitäten müssen klar, im Voraus bekannt gemacht und so ausgestaltet sein, dass eine objektive und unparteiische Behandlung der Anträge der Antragsteller gewährleistet ist.

(2) Die Genehmigungsverfahren und -formalitäten dürfen weder abschreckend sein noch die Erbringung der Dienstleistung in unangemessener Weise erschweren oder verzögern. Sie müssen leicht zugänglich sein, und eventuelle dem Antragsteller mit dem Antrag entstehende Kosten müssen vertretbar und zu den Kosten der Genehmigungsverfahren verhältnismäßig sein und dürfen die Kosten der Verfahren nicht übersteigen.

(3) Die Genehmigungsverfahren und -formalitäten müssen sicherstellen, dass Anträge unverzüglich und in jedem Fall binnen einer vorab festgelegten und bekannt gemachten angemessenen Frist bearbeitet werden. Die Frist läuft erst, wenn alle Unterlagen vollständig eingereicht wurden. Die zuständige Behörde kann die Frist einmal für eine begrenzte Dauer verlängern, wenn dies durch die Komplexität der Angelegenheit gerechtfertigt ist. Die Fristverlängerung und deren Ende sind ausreichend zu begründen und dem Antragsteller vor Ablauf der ursprünglichen Frist mitzuteilen.

(4) Wird der Antrag nicht binnen der nach Absatz 3 festgelegten oder verlängerten Frist beantwortet, so gilt die Genehmigung als erteilt. Jedoch kann eine andere Regelung vorgesehen werden, wenn dies durch einen zwingenden Grund des Allgemeininteresses, einschließlich eines berechtigten Interesses Dritter, gerechtfertigt ist.

(5) Für jeden Genehmigungsantrag wird so schnell wie möglich eine Empfangsbestätigung übermittelt. Die Bestätigung muss folgende Angaben enthalten:
a) die in Absatz 3 genannte Frist;
b) die verfügbaren Rechtsbehelfe;
c) ggf. eine Erklärung, dass die Genehmigung als erteilt gilt, wenn der Antrag nicht binnen der vorgesehenen Frist beantwortet wird.

(6) Im Falle eines unvollständigen Antrags wird der Antragsteller so schnell wie möglich darüber informiert, dass Unterlagen nachzureichen sind und welche Auswirkungen dies möglicherweise auf die in Absatz 3 genannte Frist hat.

(7) Wird ein Antrag wegen Nichtbeachtung der erforderlichen Verfahren oder Formalitäten abgelehnt, so ist der Antragsteller so schnell wie möglich von der Ablehnung in Kenntnis zu setzten.

Abschnitt 2
Unzulässige oder zu prüfende Anforderungen

Artikel 14 Unzulässige Anforderungen

Die Mitgliedstaaten dürfen die Aufnahme oder Ausübung einer Dienstleistungstätigkeit in ihrem Hoheitsgebiet nicht von einer der folgenden Anforderungen abhängig machen:

1. diskriminierenden Anforderungen, die direkt oder indirekt auf der Staatsangehörigkeit oder – für Unternehmen – dem satzungsmäßigen Sitz beruhen, insbesondere:
   a) einem Staatsangehörigkeitserfordernis für den Dienstleistungserbringer, seine Beschäftigten, seine Gesellschafter oder die Mitglieder der Geschäftsführung oder Kontrollorgane;
   b) einer Residenzpflicht des Dienstleistungserbringers, seiner Beschäftigten, der Gesellschafter oder der Mitglieder der Geschäftsführung oder Kontrollorgane im betreffenden Hoheitsgebiet;
2. einem Verbot der Errichtung von Niederlassungen in mehr als einem Mitgliedstaat oder der Eintragung in Register oder der Registrierung bei Berufsverbänden oder -vereinigungen in mehr als einem Mitgliedstaat;
3. Beschränkungen der Wahlfreiheit des Dienstleistungserbringers zwischen einer Hauptniederlassung und einer Zweitniederlassung, insbesondere der Verpflichtung für den Dienstleistungserbringer, seine Hauptniederlassung in ihrem Hoheitsgebiet zu unterhalten, oder Beschränkungen der Wahlfreiheit für eine Niederlassung in Form einer Agentur, einer Zweigstelle oder einer Tochtergesellschaft;
4. Bedingungen der Gegenseitigkeit in Bezug auf den Mitgliedstaat, in dem der Dienstleistungserbringer bereits eine Niederlassung unterhält, mit Ausnahme solcher, die durch Gemeinschaftsrechtsakte im Bereich der Energie vorgesehen sind;
5. einer wirtschaftlichen Überprüfung im Einzelfall, bei der die Erteilung der Genehmigung vom Nachweis eines wirtschaftlichen Bedarfs oder einer Marktnachfrage abhängig gemacht wird, oder der Beurteilung der tatsächlichen oder möglichen wirtschaftlichen Auswirkungen der Tätigkeit oder der Bewertung ihrer Eignung für die Verwirklichung wirtschaftlicher, von der zuständigen Behörde festgelegter Programmziele; dieses Verbot betrifft nicht Planungserfordernisse, die keine wirtschaftlichen Ziele verfolgen, sondern zwingenden Gründen des Allgemeininteresses dienen;
6. der direkten oder indirekten Beteiligung von konkurrierenden Marktteilnehmern, einschließlich in Beratungsgremien, an der Erteilung von Genehmigungen oder dem Erlass anderer Entscheidungen der zuständigen Behörden, mit Ausnahme der Berufsverbände und -vereinigungen oder anderen Berufsorganisationen, die als zuständige Behörde fungieren; dieses Verbot gilt weder für die Anhörung von Organisationen wie Handelskammern oder Sozialpartnern zu Fragen, die nicht einzelne Genehmigungsanträge betreffen, noch für die Anhörung der Öffentlichkeit;
7. der Pflicht, eine finanzielle Sicherheit zu stellen oder sich daran zu beteiligen, oder eine Versicherung bei einem Dienstleistungserbringer oder einer Einrichtung, die in ihrem Hoheitsgebiet niedergelassen sind, abzuschließen. Dies berührt weder die Möglichkeit der Mitgliedstaaten, Versicherungen oder finanzielle Sicherheiten als solche zu verlangen, noch Anforderungen, die sich auf die Beteiligung an einem kollektiven Ausgleichsfonds, z. B. für Mitglieder von Berufsverbänden oder -organisationen, beziehen;
8. der Pflicht, bereits vorher während eines bestimmten Zeitraums in den in ihrem Hoheitsgebiet geführten Registern eingetragen gewesen zu sein oder die Tätig-

keit vorher während eines bestimmten Zeitraums in ihrem Hoheitsgebiet ausgeübt zu haben.

Artikel 15 Zu prüfende Anforderungen

(1) Die Mitgliedstaaten prüfen, ob ihre Rechtsordnungen die in Absatz 2 aufgeführten Anforderungen vorsehen, und stellen sicher, dass diese Anforderungen die Bedingungen des Absatzes 3 erfüllen. Die Mitgliedstaaten ändern ihre Rechts- und Verwaltungsvorschriften, um sie diesen Bedingungen anzupassen.

(2) Die Mitgliedstaaten prüfen, ob ihre Rechtsordnung die Aufnahme oder Ausübung einer Dienstleistungstätigkeit von folgenden nicht diskriminierenden Anforderungen abhängig macht:

a) mengenmäßigen oder territorialen Beschränkungen, insbesondere in Form von Beschränkungen auf Grund der Bevölkerungszahl oder bestimmter Mindestentfernungen zwischen Dienstleistungserbringern;
b) der Verpflichtung des Dienstleistungserbringers, eine bestimmte Rechtsform zu wählen;
c) Anforderungen im Hinblick auf die Beteiligungen am Gesellschaftsvermögen;
d) Anforderungen, die die Aufnahme der betreffenden Dienstleistungstätigkeit auf Grund ihrer Besonderheiten bestimmten Dienstleistungserbringern vorbehalten, mit Ausnahme von Anforderungen, die Bereiche betreffen, die von der Richtlinie 2005/36/EG erfasst werden, oder solchen, die in anderen Gemeinschaftsrechtsakten vorgesehen sind;
e) dem Verbot, in ein und demselben Hoheitsgebiet mehrere Niederlassungen zu unterhalten;
f) Anforderungen, die eine Mindestbeschäftigtenzahl verlangen;
g) der Beachtung von festgesetzten Mindest- und/oder Höchstpreisen durch den Dienstleistungserbringer;
h) der Verpflichtung des Dienstleistungserbringers, zusammen mit seiner Dienstleistung bestimmte andere Dienstleistungen zu erbringen.

(3) Die Mitgliedstaaten prüfen, ob die in Absatz 2 genannten Anforderungen folgende Bedingungen erfüllen:

a) Nicht-Diskriminierung: die Anforderungen dürfen weder eine direkte noch eine indirekte Diskriminierung auf Grund der Staatsangehörigkeit oder – bei Gesellschaften – auf Grund des Orts des satzungsmäßigen Sitzes darstellen;
b) Erforderlichkeit: die Anforderungen müssen durch einen zwingenden Grund des Allgemeininteresses gerechtfertigt sein;
c) Verhältnismäßigkeit: die Anforderungen müssen zur Verwirklichung des mit ihnen verfolgten Ziels geeignet sein; sie dürfen nicht über das hinausgehen, was zur Erreichung dieses Ziels erforderlich ist; diese Anforderungen können nicht durch andere weniger einschneidende Maßnahmen ersetzt werden, die zum selben Ergebnis führen.

(4) Die Absätze 1, 2 und 3 gelten für Rechtsvorschriften im Bereich der Dienstleistungen von allgemeinem wirtschaftlichem Interesse nur insoweit, als die An-

wendung dieser Absätze die Erfüllung der anvertrauten besonderen Aufgabe nicht rechtlich oder tatsächlich verhindert.

(5) In dem in Artikel 39 Abs. 1 genannten Bericht für die gegenseitige Evaluierung geben die Mitgliedstaaten an:

a) welche Anforderungen sie beabsichtigen beizubehalten und warum sie der Auffassung sind, dass diese die Bedingungen des Absatzes 3 erfüllen;
b) welche Anforderungen sie aufgehoben oder gelockert haben.

(6) Ab dem 28. 12. 2006 dürfen die Mitgliedstaaten keine neuen Anforderungen der in Absatz 2 genannten Art einführen, es sei denn, diese neuen Anforderungen erfüllen die in Absatz 3 aufgeführten Bedingungen.

(7) Die Mitgliedstaaten teilen der Kommission alle neuen Rechts- und Verwaltungsvorschriften mit, die die in Absatz 6 genannten Anforderungen vorsehen, sowie deren Begründung. Die Kommission bringt den anderen Mitgliedstaaten diese Vorschriften zur Kenntnis. Die Mitteilung hindert die Mitgliedstaaten nicht daran, die betreffenden Vorschriften zu erlassen.

Binnen 3 Monaten nach Erhalt der Mitteilung prüft die Kommission die Vereinbarkeit aller neuen Anforderungen mit dem Gemeinschaftsrecht und entscheidet ggf., den betroffenen Mitgliedstaat aufzufordern, diese neuen Anforderungen nicht zu erlassen oder aufzuheben.

Die Mitteilung eines Entwurfs für einen nationalen Rechtsakt gemäß der Richtlinie 98/34/EG erfüllt gleichzeitig die in der vorliegenden Richtlinie vorgesehene Verpflichtung zur Mitteilung.

Kapitel IV
Freier Dienstleistungsverkehr

Abschnitt 1
Dienstleistungsfreiheit und damit zusammenhängende Ausnahmen

Artikel 16 Dienstleistungsfreiheit

(1) Die Mitgliedstaaten achten das Recht der Dienstleistungserbringer, Dienstleistungen in einem anderen Mitgliedstaat als demjenigen ihrer Niederlassung zu erbringen.

Der Mitgliedstaat, in dem die Dienstleistung erbracht wird, gewährleistet die freie Aufnahme und freie Ausübung von Dienstleistungstätigkeiten innerhalb seines Hoheitsgebiets.

Die Mitgliedstaaten dürfen die Aufnahme oder Ausübung einer Dienstleistungstätigkeit in ihrem Hoheitsgebiet nicht von Anforderungen abhängig machen, die gegen folgende Grundsätze verstoßen:

a) Nicht-Diskriminierung: die Anforderung darf weder eine direkte noch eine indirekte Diskriminierung auf Grund der Staatsangehörigkeit oder – bei juristischen Personen – auf Grund des Mitgliedstaats, in dem sie niedergelassen sind, darstellen;

b) Erforderlichkeit: die Anforderung muss aus Gründen der öffentlichen Ordnung, der öffentlichen Sicherheit, der öffentlichen Gesundheit oder des Schutzes der Umwelt gerechtfertigt sein;
c) Verhältnismäßigkeit: die Anforderung muss zur Verwirklichung des mit ihr verfolgten Ziels geeignet sein und darf nicht über das hinausgehen, was zur Erreichung dieses Ziels erforderlich ist.

(2) Die Mitgliedstaaten dürfen die Dienstleistungsfreiheit eines in einem anderen Mitgliedstaat niedergelassenen Dienstleistungserbringers nicht einschränken, indem sie diesen einer der folgenden Anforderungen unterwerfen:
a) der Pflicht, in ihrem Hoheitsgebiet eine Niederlassung zu unterhalten;
b) der Pflicht, bei ihren zuständigen Behörden eine Genehmigung einzuholen; dies gilt auch für die Verpflichtung zur Eintragung in ein Register oder die Mitgliedschaft in einem Berufsverband oder einer Berufsvereinigung in ihrem Hoheitsgebiet, außer in den in dieser Richtlinie oder anderen Rechtsvorschriften der Gemeinschaft vorgesehenen Fällen;
c) dem Verbot, in ihrem Hoheitsgebiet eine bestimmte Form oder Art von Infrastruktur zu errichten, einschließlich Geschäftsräumen oder einer Kanzlei, die der Dienstleistungserbringer zur Erbringung der betreffenden Leistungen benötigt;
d) der Anwendung bestimmter vertraglicher Vereinbarungen zur Regelung der Beziehungen zwischen dem Dienstleistungserbringer und dem Dienstleistungsempfänger, die eine selbständige Tätigkeit des Dienstleistungserbringers verhindert oder beschränkt;
e) der Pflicht, sich von ihren zuständigen Behörden einen besonderen Ausweis für die Ausübung einer Dienstleistungstätigkeit ausstellen zu lassen;
f) Anforderungen betreffend die Verwendung von Ausrüstungsgegenständen und Materialien, die integraler Bestandteil der Dienstleistung sind, es sei denn, diese Anforderungen sind für den Schutz der Gesundheit und die Sicherheit am Arbeitsplatz notwendig;
g) der in Artikel 19 genannten Beschränkungen des freien Dienstleistungsverkehrs.

(3) Der Mitgliedstaat, in den sich der Dienstleistungserbringer begibt, ist nicht daran gehindert, unter Beachtung des Absatzes 1 Anforderungen in Bezug auf die Erbringung von Dienstleistungen zu stellen, die aus Gründen der öffentlichen Ordnung, der öffentlichen Sicherheit, der öffentlichen Gesundheit oder des Schutzes der Umwelt gerechtfertigt sind. Dieser Mitgliedstaat ist ferner nicht daran gehindert, im Einklang mit dem Gemeinschaftsrecht seine Bestimmungen über Beschäftigungsbedingungen, einschließlich derjenigen in Tarifverträgen, anzuwenden.

(4) Bis zum 28. 12. 2011 unterbreitet die Kommission nach Konsultation der Mitgliedstaaten und der Sozialpartner auf Gemeinschaftsebene dem Europäischen Parlament und dem Rat einen Bericht über die Anwendung dieses Artikels, in dem sie prüft, ob es notwendig ist, Harmonisierungsmaßnahmen hinsichtlich der unter diese Richtlinie fallenden Dienstleistungstätigkeiten vorzuschlagen.

Artikel 17 Weitere Ausnahmen von der Dienstleistungsfreiheit

Artikel 16 findet keine Anwendung auf:

1. Dienstleistungen von allgemeinem wirtschaftlichem Interesse, die in einem anderen Mitgliedstaat erbracht werden, unter anderem:
   a) im Postsektor die von der Richtlinie 97/67/EG des Europäischen Parlaments und des Rates vom 15. 12. 1997 über gemeinsame Vorschriften für die Entwicklung des Binnenmarktes der Postdienste der Gemeinschaft und die Verbesserung der Dienstqualität [1] erfassten Dienstleistungen;
   b) im Elektrizitätssektor die von der Richtlinie 2003/54/EG [2] des Europäischen Parlaments und des Rates vom 26. 6. 2003 über gemeinsame Vorschriften für den Elektrizitätsbinnenmarkt erfassten Dienstleistungen;
   c) im Gassektor die von der Richtlinie 2003/55/EG des Europäischen Parlaments und des Rates vom 26. 6. 2003 über gemeinsame Vorschriften für den Erdgasbinnenmarkt [3] erfassten Dienstleistungen;
   d) die Dienste der Wasserverteilung und -versorgung sowie der Abwasserbewirtschaftung;
   e) Dienste der Abfallbewirtschaftung;
2. die Angelegenheiten, die unter die Richtlinie 96/71/EG fallen;
3. die Angelegenheiten, die unter die Richtlinie 95/46/EG des Europäischen Parlaments und des Rates vom 24. 10. 1995 zum Schutz natürlicher Personen bei der Verarbeitung personenbezogener Daten und zum freien Datenverkehr [4] fallen;
4. die Angelegenheiten, die unter die Richtlinie 77/249/EWG des Rates vom 22. 3. 1977 zur Erleichterung der tatsächlichen Ausübung des freien Dienstleistungsverkehrs der Rechtsanwälte [5] fallen;
5. die gerichtliche Beitreibung von Forderungen;
6. die Angelegenheiten, die unter Titel II der Richtlinie 2005/36/EG fallen, sowie Anforderungen im Mitgliedstaat der Dienstleistungserbringung, die eine Tätigkeit den Angehörigen eines bestimmten Berufs vorbehalten;
7. die Angelegenheiten, die unter die Verordnung (EWG) Nr. 1408/71 fallen;
8. bezüglich Verwaltungsformalitäten betreffend die Freizügigkeit von Personen und ihren Wohnsitz die Angelegenheiten, die unter diejenigen Bestimmungen der Richtlinie 2004/38/EG fallen, die Verwaltungsformalitäten vorsehen, die die Begünstigten bei den zuständigen Behörden des Mitgliedstaates, in dem die Dienstleistung erbracht wird, erfüllen müssen;
9. in Bezug auf Drittstaatsangehörige, die sich im Rahmen einer Dienstleistungserbringung in einen anderen Mitgliedstaat begeben, die Möglichkeit der Mitgliedstaaten, Visa oder Aufenthaltstitel für Drittstaatsangehörige zu verlangen,

1) ABl. L 15 vom 21. 1. 1998, S. 14. Zuletzt geändert durch die Verordnung (EG) Nr. 1882/2003 (ABl. L 284 vom 31. 10. 2003, S. 1).

2) ABl. L 176 vom 15. 7. 2003, S. 37. Zuletzt geändert durch die Entscheidung 2006/653/EG der Kommission (ABl. L 270 vom 29. 9. 2006, S. 72).

3) ABl. L 176 vom 15. 7. 2003, S. 57.

4) ABl. L 281 vom 23. 11. 1995, S. 31. Geändert durch die Verordnung (EG) Nr. 1882/2003.

5) ABl. L 78 vom 26. 3. 1977, S. 17. Zuletzt geändert durch die Beitrittsakte von 2003.

die nicht dem in Artikel 21 des Übereinkommens zur Durchführung des Übereinkommens von Schengen vom 14. 6. 1985 betreffend den schrittweisen Abbau der Kontrollen an den gemeinsamen Grenzen[6] vorgesehenen System der gegenseitigen Anerkennung unterfallen, oder die Möglichkeit, Drittstaatsangehörige zu verpflichten, sich bei oder nach der Einreise in den Mitgliedstaat der Dienstleistungserbringung bei den dortigen zuständigen Behörden zu melden;

10. bezüglich der Verbringung von Abfällen die Angelegenheiten, die von der Verordnung (EWG) Nr. 259/93 des Rates vom 1. 2. 1993 zur Überwachung und Kontrolle der Verbringung von Abfällen in der, in die und aus der Europäischen Gemeinschaft[7] erfasst werden;
11. die Urheberrechte, die verwandten Schutzrechte, Rechte im Sinne der Richtlinie 87/54/EWG des Rates vom 16. 12. 1986 über den Rechtsschutz der Topographien von Halbleitererzeugnissen[8] und der Richtlinie 96/9/EG des Europäischen Parlaments und des Rates vom 11. 3. 1996 über den rechtlichen Schutz von Datenbanken[9] sowie die Rechte an gewerblichem Eigentum;
12. die Handlungen, für die die Mitwirkung eines Notars gesetzlich vorgeschrieben ist;
13. die Angelegenheiten, die unter die Richtlinie 2006/43/EG des Europäischen Parlaments und des Rates vom 17. 5. 2006 über die Prüfung des Jahresabschlusses und des konsolidierten Abschlusses[10] fallen;
14. die Zulassung von Fahrzeugen, die in einem anderen Mitgliedstaat geleast wurden;
15. Bestimmungen betreffend vertragliche und außervertragliche Schuldverhältnisse, einschließlich der Form von Verträgen, die nach den Vorschriften des internationalen Privatrechts festgelegt werden.

6) ABl. L 239 vom 22. 9. 2000, S. 19. Zuletzt geändert durch die Verordnung (EG) Nr. 1160/2005 des Europäischen Parlaments und des Rates (ABl. L 191 vom 22. 7. 2005, S. 18).

7) ABl. L 30 vom 6. 2. 1993, S. 1. Zuletzt geändert durch die Verordnung (EG) Nr. 2557/2001 der Kommission (ABl. L 349 vom 31. 12. 2001, S. 1).

8) ABl. L 24 vom 27. 1. 1987, S. 36.

9) ABl. L 77 vom 27. 3. 1996, S. 20.

10) ABl. L 157 vom 9. 6. 2006, S. 87.

Artikel 18 Ausnahmen im Einzelfall

(1) Abweichend von Artikel 16 und nur in Ausnahmefällen können die Mitgliedstaaten Maßnahmen gegenüber einem in einem anderen Mitgliedstaat niedergelassenen Dienstleistungserbringer ergreifen, die sich auf die Sicherheit der Dienstleistungen beziehen.

(2) Die in Absatz 1 genannten Maßnahmen können nur unter Einhaltung des in Artikel 35 genannten Amtshilfeverfahrens und bei Vorliegen aller folgenden Voraussetzungen ergriffen werden:

a) die nationalen Rechtsvorschriften, auf Grund deren die Maßnahme getroffen wird, waren nicht Gegenstand einer Harmonisierung auf Gemeinschaftsebene im Bereich der Sicherheit von Dienstleistungen;

b) die Maßnahmen bewirken für den Dienstleistungsempfänger einen größeren Schutz als die Maßnahmen, die der Niederlassungsmitgliedstaat auf Grund seiner nationalen Vorschriften ergreifen würde;
c) der Niederlassungsmitgliedstaat hat keine bzw. im Hinblick auf Artikel 35 Abs. 2 unzureichende Maßnahmen ergriffen;
d) die Maßnahmen sind verhältnismäßig.

(3) Die Absätze 1 und 2 lassen die in den Gemeinschaftsrechtsakten festgelegten Bestimmungen zur Gewährleistung der Dienstleistungsfreiheit oder zur Gewährung von Ausnahmen von dieser Freiheit unberührt.

Abschnitt 2
Rechte der Dienstleistungsempfänger

Artikel 19 Unzulässige Beschränkungen

Die Mitgliedstaaten dürfen an den Dienstleistungsempfänger keine Anforderungen stellen, die die Inanspruchnahme einer Dienstleistung beschränken, die von einem in einem anderen Mitgliedstaat niedergelassenen Dienstleistungserbringer angeboten wird; dies gilt insbesondere für folgende Anforderungen:
a) die Pflicht, bei den zuständigen Behörden eine Genehmigung einzuholen oder diesen gegenüber eine Erklärung abzugeben;
b) diskriminierende Beschränkungen der Möglichkeit zur Erlangung finanzieller Unterstützung, die auf der Tatsache beruhen, dass der Dienstleistungserbringer in einem anderen Mitgliedstaat niedergelassen ist, oder auf Grund des Ortes, an dem die Dienstleistung erbracht wird.

Artikel 20 Nicht-Diskriminierung

(1) Die Mitgliedstaaten stellen sicher, dass dem Dienstleistungsempfänger keine diskriminierenden Anforderungen auferlegt werden, die auf dessen Staatsangehörigkeit oder Wohnsitz beruhen.

(2) Die Mitgliedstaaten stellen sicher, dass die allgemeinen Bedingungen für den Zugang zu einer Dienstleistung, die der Dienstleistungserbringer bekannt gemacht hat, keine auf der Staatsangehörigkeit oder dem Wohnsitz des Dienstleistungsempfängers beruhenden diskriminierenden Bestimmungen enthalten; dies berührt jedoch nicht die Möglichkeit, Unterschiede bei den Zugangsbedingungen vorzusehen, die unmittelbar durch objektive Kriterien gerechtfertigt sind.

Artikel 21 Unterstützung der Dienstleistungsempfänger

(1) Die Mitgliedstaaten stellen sicher, dass die Dienstleistungsempfänger in ihrem Wohnsitzstaat folgende Informationen erhalten:

a) allgemeine Informationen über die in anderen Mitgliedstaaten geltenden Anforderungen bezüglich der Aufnahme und der Ausübung von Dienstleistungstätigkeiten, vor allem solche über den Verbraucherschutz;
b) allgemeine Informationen über die bei Streitfällen zwischen Dienstleistungserbringer und -empfänger zur Verfügung stehenden Rechtsbehelfe;
c) Angaben zur Erreichbarkeit der Verbände und Organisationen, die den Dienstleistungserbringer oder -empfänger beraten und unterstützen können, einschließlich der Zentren des Netzes der europäischen Verbraucherzentren.

Sofern angebracht umfasst die Beratung der zuständigen Behörden einen einfachen Schritt-für-Schritt-Leitfaden. Die Informationen und Unterstützung müssen in einer klaren und unzweideutigen Weise erteilt werden, aus der Ferne und elektronisch leicht zugänglich sein und dem neuesten Stand entsprechen.

(2) Die Mitgliedstaaten können die in Absatz 1 genannte Aufgabe den einheitlichen Ansprechpartnern oder jeder anderen Einrichtung, wie beispielsweise den Zentren des Netzes der europäischen Verbraucherzentren, den Verbraucherverbänden oder den Euro Info Zentren, übertragen.

Die Mitgliedstaaten teilen der Kommission die Angaben zur Erreichbarkeit der benannten Einrichtungen mit. Die Kommission leitet sie an die anderen Mitgliedstaaten weiter.

(3) Zur Erfüllung der in den Absätzen 1 und 2 genannten Anforderungen wendet sich die angerufene Einrichtung erforderlichenfalls an die zuständige Einrichtung des betreffenden Mitgliedstaates. Letztere übermittelt die angeforderten Informationen so schnell wie möglich der ersuchenden Einrichtung, die sie an den Dienstleistungsempfänger weiterleitet. Die Mitgliedstaaten stellen sicher, dass diese Einrichtungen einander unterstützen und effizient zusammenarbeiten. Sie treffen gemeinsam mit der Kommission die praktischen Vorkehrungen zur Durchführung des Absatzes 1.

(4) Die Kommission erlässt nach dem in Artikel 40 Abs. 2 genannten Verfahren Durchführungsbestimmungen für die Absätze 1, 2 und 3 des vorliegenden Artikels, die unter Berücksichtigung gemeinsamer Standards die technischen Modalitäten des Austauschs von Informationen zwischen den Einrichtungen der verschiedenen Mitgliedstaaten und insbesondere die Interoperabilität der Informationssysteme regeln.

Kapitel V
Qualität der Dienstleistungen

Artikel 22 Informationen über die Dienstleistungserbringer und deren Dienstleistungen

(1) Die Mitgliedstaaten stellen sicher, dass die Dienstleistungserbringer den Dienstleistungsempfängern folgende Informationen zur Verfügung stellen:
a) den Namen des Dienstleistungserbringers, seinen Rechtsstatus und seine Rechtsform, die geographische Anschrift, unter der er niedergelassen ist, und

Angaben, die, ggf. auf elektronischem Weg, eine schnelle Kontaktaufnahme und eine direkte Kommunikation mit ihm ermöglichen;

b) falls der Dienstleistungserbringer in ein Handelsregister oder ein vergleichbares öffentliches Register eingetragen ist, den Namen dieses Registers und die Nummer der Eintragung des Dienstleistungserbringers oder eine gleichwertige in diesem Register verwendete Kennung;

c) falls die Tätigkeit einer Genehmigungsregelung unterliegt, die Angaben zur zuständigen Behörde oder zum einheitlichen Ansprechpartner;

d) falls der Dienstleistungserbringer eine Tätigkeit ausübt, die der Mehrwertsteuer unterliegt, die Identifikationsnummer gemäß Artikel 22 Abs. 1 der 6. Richtlinie 77/388/EWG des Rates vom 17. 5. 1977 zur Harmonisierung der Rechtsvorschriften der Mitgliedstaaten über die Umsatzsteuern – Gemeinsames Mehrwertsteuersystem: einheitliche steuerpflichtige Bemessungsgrundlage [1];

e) bei den reglementierten Berufen den Berufsverband oder eine ähnliche Einrichtung, dem oder der der Dienstleistungserbringer angehört, sowie die Berufsbezeichnung und den Mitgliedstaat, in dem sie verliehen wurde;

f) ggf. die vom Dienstleistungserbringer verwendeten allgemeinen Geschäftsbedingungen und Klauseln;

g) ggf. das Vorliegen vom Dienstleistungserbringer verwendeter Vertragsklauseln über das auf den Vertrag anwendbare Recht und/oder den Gerichtsstand;

h) ggf. das Vorliegen einer gesetzlich nicht vorgeschriebenen nachvertraglichen Garantie;

i) den Preis der Dienstleistung, falls der Preis für eine bestimmte Art von Dienstleistung im Vorhinein vom Dienstleistungserbringer festgelegt wurde;

j) die Hauptmerkmale der Dienstleistung, wenn diese nicht bereits aus dem Zusammenhang hervorgehen;

k) Angaben zur Versicherung oder zu den Sicherheiten gemäß Artikel 23 Abs. 1, insbesondere den Namen und die Kontaktdaten des Versicherers oder Sicherungsgebers und den räumlichen Geltungsbereich.

(2) Die Mitgliedstaaten stellen sicher, dass die in Absatz 1 genannten Informationen nach Wahl des Dienstleistungserbringers:

a) vom Dienstleistungserbringer von sich aus mitgeteilt werden;

b) für den Dienstleistungsempfänger am Ort der Leistungserbringung oder des Vertragsabschlusses leicht zugänglich sind;

c) für den Dienstleistungsempfänger elektronisch über eine vom Dienstleistungserbringer angegebene Adresse leicht zugänglich sind;

d) in allen von den Dienstleistungserbringern den Dienstleistungsempfängern zur Verfügung gestellten ausführlichen Informationsunterlagen über die angebotene Dienstleistung enthalten sind.

(3) Die Mitgliedstaaten stellen sicher, dass die Dienstleistungserbringer den Dienstleistungsempfängern auf Anfrage folgende Zusatzinformationen mitteilen:

1) ABl. L 145 vom 13. 6. 1977, S. 1. Zuletzt geändert durch die Richtlinie 2006/18/EG (ABl. L 51 vom 22. 2. 2006, S. 12).

a) falls der Preis nicht im Vorhinein vom Dienstleistungserbringer festgelegt wurde, den Preis der Dienstleistung oder, wenn kein genauer Preis angegeben werden kann, die Vorgehensweise zur Berechnung des Preises, die es dem Dienstleistungsempfänger ermöglicht, den Preis zu überprüfen, oder einen hinreichend ausführlichen Kostenvoranschlag;
b) bei reglementierten Berufen einen Verweis auf die im Niederlassungsmitgliedstaat geltenden berufsrechtlichen Regeln und wie diese zugänglich sind;
c) Informationen über ihre multidisziplinären Tätigkeiten und Partnerschaften, die in direkter Verbindung zu der fraglichen Dienstleistung stehen, und über die Maßnahmen, die sie ergriffen haben, um Interessenkonflikte zu vermeiden. Diese Informationen müssen in allen ausführlichen Informationsunterlagen der Dienstleistungserbringer über ihre Tätigkeit enthalten sein;
d) Verhaltenskodizes, die für den Dienstleistungserbringer gelten, und die Adresse, unter der diese elektronisch abgerufen werden können, sowie Angaben über die Sprachen, in denen sie vorliegen;
e) falls ein Dienstleistungserbringer einem Verhaltenskodex unterliegt oder einer Handelsvereinigung oder einem Berufsverband angehört, die außergerichtliche Verfahren der Streitbeilegung vorsehen, einschlägige Informationen hierzu. Der Dienstleistungserbringer hat näher anzugeben, wie ausführliche Auskünfte über die Merkmale der außergerichtlichen Verfahren der Streitbeilegung und über die Bedingungen, unter denen die Verfahren angewandt werden, eingeholt werden können.

(4) Die Mitgliedstaaten stellen sicher, dass die Informationen, die der Dienstleistungserbringer gemäß diesem Kapitel zur Verfügung stellen oder mitteilen muss, klar und unzweideutig sind und rechtzeitig vor Abschluss des Vertrages oder, wenn kein schriftlicher Vertrag geschlossen wird, vor Erbringung der Dienstleistung bereitgestellt werden.

(5) Die Informationsanforderungen gemäß diesem Kapitel ergänzen die bereits im Gemeinschaftsrecht vorgesehenen Anforderungen und hindern die Mitgliedstaaten nicht daran, zusätzliche Informationsanforderungen für Dienstleistungserbringer, die in ihrem Hoheitsgebiet niedergelassen sind, vorzuschreiben.

(6) Die Kommission kann nach dem in Artikel 40 Abs. 2 genannten Verfahren den Inhalt der in den Absätzen 1 und 3 des vorliegenden Artikels genannten Informationen entsprechend den Besonderheiten bestimmter Tätigkeiten präzisieren und die Modalitäten der praktischen Durchführung von Absatz 2 des vorliegenden Artikels präzisieren.

Artikel 23 Berufshaftpflichtversicherungen und Sicherheiten

(1) Die Mitgliedstaaten können sicherstellen, dass die Dienstleistungserbringer, deren Dienstleistungen ein unmittelbares und besonderes Risiko für die Gesundheit oder Sicherheit des Dienstleistungsempfängers oder eines Dritten oder für die finanzielle Sicherheit des Dienstleistungsempfängers darstellen, eine der Art und dem Umfang des Risikos angemessene Berufshaftpflichtversicherung abschließen

oder eine auf Grund ihrer Zweckbestimmung im Wesentlichen vergleichbare Sicherheit oder gleichwertige Vorkehrung vorsehen.

(2) Wenn ein Dienstleistungserbringer sich in ihrem Hoheitsgebiet niederlässt, dürfen die Mitgliedstaaten keine Berufshaftpflichtversicherung oder Sicherheit vom Dienstleistungserbringer verlangen, sofern er bereits durch eine gleichwertige oder auf Grund ihrer Zweckbestimmung und der vorgesehenen Deckung bezüglich des versicherten Risikos, der Versicherungssumme oder einer Höchstgrenze der Sicherheit und möglicher Ausnahmen von der Deckung im Wesentlichen vergleichbare Sicherheit in einem anderen Mitgliedstaat, in dem er bereits niedergelassen ist, abgedeckt ist. Besteht nur eine teilweise Gleichwertigkeit, so können die Mitgliedstaaten eine zusätzliche Sicherheit verlangen, um die nicht gedeckten Risiken abzusichern.

Verlangt ein Mitgliedstaat von einem in seinem Hoheitsgebiet niedergelassenen Dienstleistungserbringer den Abschluss einer Berufshaftpflichtversicherung oder eine andere Sicherheit, so hat er die von in anderen Mitgliedstaaten niedergelassenen Kreditinstituten und Versicherern ausgestellten Bescheinigungen, dass ein solcher Versicherungsschutz besteht, als hinreichenden Nachweis anzuerkennen.

(3) Die Absätze 1 und 2 berühren nicht die in anderen Gemeinschaftsrechtsakten vorgesehenen Berufshaftpflichtversicherungen oder Sicherheiten.

(4) Im Rahmen der Durchführung des Absatzes 1 kann die Kommission nach dem in Artikel 40 Abs. 2 genannten Regelungsverfahren Dienstleistungen benennen, die die in Absatz 1 des vorliegenden Artikels genannten Eigenschaften aufweisen. Die Kommission kann ferner nach dem in Artikel 40 Abs. 3 genannten Verfahren Maßnahmen erlassen, die dazu bestimmt sind, nicht wesentliche Bestimmungen dieser Richtlinie zu ändern, indem sie durch Festlegung gemeinsamer Kriterien ergänzt wird, nach denen festgestellt wird, ob eine Versicherung oder Sicherheit im Sinne des Absatzes 1 des vorliegenden Artikels im Hinblick auf die Art und den Umfang des Risikos angemessen ist.

(5) Im Sinne dieses Artikels bedeutet:
- »unmittelbares und besonderes Risiko« ein Risiko, das sich unmittelbar aus der Erbringung der Dienstleistung ergibt;
- »Gesundheit oder Sicherheit« in Bezug auf einen Dienstleistungsempfänger oder einen Dritten die Verhinderung des Todes oder einer schweren Körperverletzung;
- »finanzielle Sicherheit« in Bezug auf einen Dienstleistungsempfänger die Vermeidung erheblicher Geldverluste oder Einbußen bei Vermögenswerten;
- »Berufshaftpflichtversicherung« eine Versicherung, die ein Dienstleistungserbringer bezüglich seiner potenziellen Haftung gegenüber Dienstleistungsempfängern und ggf. Dritten, die sich aus der Erbringung der Dienstleistung ergibt, abgeschlossen hat.

Artikel 24 Kommerzielle Kommunikation für reglementierte Berufe

(1) Die Mitgliedstaaten heben sämtliche absoluten Verbote der kommerziellen Kommunikation für reglementierte Berufe auf.

(2) Die Mitgliedstaaten stellen sicher, dass die kommerzielle Kommunikation durch Angehörige reglementierter Berufe die Anforderungen der berufsrechtlichen Regeln erfüllt, die im Einklang mit dem Gemeinschaftsrecht je nach Beruf insbesondere die Unabhängigkeit, die Würde und die Integrität des Berufsstandes sowie die Wahrung des Berufsgeheimnisses gewährleisten sollen. Berufsrechtliche Regeln über die kommerzielle Kommunikation müssen nicht diskriminierend, durch einen zwingenden Grund des Allgemeininteresses gerechtfertigt und verhältnismäßig sein.

Artikel 25 Multidisziplinäre Tätigkeiten

(1) Die Mitgliedstaaten stellen sicher, dass die Dienstleistungserbringer keinen Anforderungen unterworfen werden, die sie verpflichten, ausschließlich eine bestimmte Tätigkeit auszuüben, oder die die gemeinschaftliche oder partnerschaftliche Ausübung unterschiedlicher Tätigkeiten beschränken.

Jedoch können folgende Dienstleistungserbringer solchen Anforderungen unterworfen werden:

a) Angehörige reglementierter Berufe, soweit dies gerechtfertigt ist, um die Einhaltung der verschiedenen Standesregeln im Hinblick auf die Besonderheiten der jeweiligen Berufe sicherzustellen und soweit dies nötig ist, um ihre Unabhängigkeit und Unparteilichkeit zu gewährleisten;
b) Dienstleistungserbringer, die Dienstleistungen auf dem Gebiet der Zertifizierung, der Akkreditierung, der technischen Überwachung oder des Versuchs- oder Prüfwesens erbringen, wenn dies zur Gewährleistung ihrer Unabhängigkeit und Unparteilichkeit erforderlich ist.

(2) Sofern multidisziplinäre Tätigkeiten zwischen den in Absatz 1 Buchst. a und b genannten Dienstleistungserbringern erlaubt sind, stellen die Mitgliedstaaten sicher, dass

a) Interessenkonflikte und Unvereinbarkeiten zwischen bestimmten Tätigkeiten vermieden werden;
b) die Unabhängigkeit und Unparteilichkeit, die bestimmte Tätigkeiten erfordern, gewährleistet sind;
c) die Anforderungen der Standesregeln für die verschiedenen Tätigkeiten miteinander vereinbar sind, insbesondere im Hinblick auf das Berufsgeheimnis.

(3) Die Mitgliedstaaten nennen in dem in Artikel 39 Abs. 1 genannten Bericht die Dienstleistungserbringer, die den Anforderungen gemäß Absatz 1 des vorliegenden Artikels unterworfen sind, ferner den Inhalt dieser Anforderungen und die Gründe, aus denen sie diese für gerechtfertigt halten.

Artikel 26 Maßnahmen zur Qualitätssicherung

(1) Die Mitgliedstaaten ergreifen in Zusammenarbeit mit der Kommission begleitende Maßnahmen, um die Dienstleistungserbringer dazu anzuhalten, freiwillig die Qualität der Dienstleistungen zu sichern, insbesondere durch eine der folgenden Methoden:

a) Zertifizierung ihrer Tätigkeiten oder Bewertung durch unabhängige oder akkreditierte Einrichtungen,
b) Erarbeitung eigener Qualitätscharten oder Beteiligung an auf Gemeinschaftsebene erarbeiteten Qualitätscharten oder Gütesiegeln von Berufsverbänden.

(2) Die Mitgliedstaaten stellen sicher, dass den Dienstleistungserbringern und -empfängern die Informationen über die Bedeutung bestimmter Gütesiegel und die Voraussetzungen zur Verleihung der Gütesiegel und sonstiger Qualitätskennzeichnungen für Dienstleistungen leicht zugänglich sind.

(3) Die Mitgliedstaaten ergreifen in Zusammenarbeit mit der Kommission begleitende Maßnahmen, um die Berufsverbände sowie die Handels- und Handwerkskammern und die Verbraucherverbände in ihrem Hoheitsgebiet zu ermutigen, auf Gemeinschaftsebene zusammenzuarbeiten, um die Dienstleistungsqualität zu fördern, insbesondere indem sie die Einschätzung der Kompetenz eines Dienstleistungserbringers erleichtern.

(4) Die Mitgliedstaaten ergreifen in Zusammenarbeit mit der Kommission begleitende Maßnahmen, um, vor allem durch die Verbraucherverbände, eine unabhängige Bewertung der Qualität und Mängel von Dienstleistungen, insbesondere vergleichende Versuchs- oder Prüfverfahren auf Gemeinschaftsebene sowie die Veröffentlichung ihrer Ergebnisse, zu fördern.

(5) Die Mitgliedstaaten fördern in Zusammenarbeit mit der Kommission die Entwicklung von freiwilligen europäischen Standards, um die Vereinbarkeit der von Dienstleistungserbringern aus verschiedenen Mitgliedstaaten erbrachten Dienstleistungen, die Information der Dienstleistungsempfänger und die Qualität der Dienstleistungen zu verbessern.

Artikel 27 Streitbeilegung

(1) Die Mitgliedstaaten ergreifen die erforderlichen allgemeinen Maßnahmen um sicherzustellen, dass die Dienstleistungserbringer Kontaktdaten, insbesondere eine Postanschrift, eine Faxnummer oder eine E-Mail-Adresse und eine Telefonnummer angeben, an die alle Dienstleistungsempfänger, auch diejenigen, die in einem anderen Mitgliedstaat ansässig sind, direkt eine Beschwerde oder eine Bitte um Information über die erbrachte Dienstleistung richten können. Die Dienstleistungserbringer teilen ihre Firmenanschrift mit, falls diese nicht ihre übliche Korrespondenzanschrift ist.

Die Mitgliedstaaten ergreifen die erforderlichen allgemeinen Maßnahmen um sicherzustellen, dass die Dienstleistungserbringer die in Unterabsatz 1 genannten Beschwerden so schnell wie möglich beantworten und sich um zufrieden stellende Lösungen bemühen.

(2) Die Mitgliedstaaten ergreifen die erforderlichen allgemeinen Maßnahmen um sicherzustellen, dass die Dienstleistungserbringer verpflichtet werden nachzuweisen, dass sie die in dieser Richtlinie vorgesehenen Informationspflichten erfüllen und ihre Informationen zutreffend sind.

(3) Ist es um eine Gerichtsentscheidung zu befolgen notwendig, eine finanzielle Sicherheit zu stellen, so erkennen die Mitgliedstaaten gleichwertige Sicherheiten an, die bei einem in einem anderen Mitgliedstaat niedergelassenen Kreditinstitut oder Versicherer bestellt werden. Solche Kreditinstitute müssen nach Maßgabe der Richtlinie 2006/48/EG zugelassen sein, und solche Versicherer müssen nach Maßgabe der 1. Richtlinie 73/239/EWG des Rates vom 24. 7. 1973 zur Koordinierung der Rechts- und Verwaltungsvorschriften betreffend die Aufnahme und Ausübung der Tätigkeit der Direktversicherung (mit Ausnahme der Lebensversicherung) [1] bzw. der Richtlinie 2002/83/EG des Europäischen Parlaments und des Rates vom 5. 11. 2002 über Lebensversicherungen [2] zugelassen sein.

(4) Die Mitgliedstaaten ergreifen die erforderlichen allgemeinen Maßnahmen um sicherzustellen, dass die Dienstleistungserbringer, die Verhaltenskodizes unterworfen sind oder Handelsvereinigungen oder Berufsverbänden angehören, die außergerichtliche Verfahren der Streitbeilegung vorsehen, die Dienstleistungsempfänger davon in Kenntnis setzen und in allen ausführlichen Informationsunterlagen über ihre Tätigkeit darauf hinweisen; dabei ist anzugeben, wie ausführliche Informationen über dieses Streitbeilegungsverfahren und die Bedingungen für seine Inanspruchnahme erlangt werden können.

1) ABl. L 228 vom 16. 8. 1973, S. 3. Zuletzt geändert durch die Richtlinie 2005/68/EG des Europäischen Parlaments und des Rates (ABl. L 323 vom 9. 12. 2005, S. 1).

2) ABl. L 345 vom 19. 12. 2002, S. 1. Zuletzt geändert durch die Richtlinie 2005/68/EG.

Kapitel VI
Verwaltungszusammenarbeit

Artikel 28 Amtshilfe – Allgemeine Verpflichtungen

(1) Die Mitgliedstaaten leisten einander Amtshilfe und ergreifen Maßnahmen, die für eine wirksame Zusammenarbeit bei der Kontrolle der Dienstleistungserbringer und ihrer Dienstleistungen erforderlich sind.

(2) Für die Zwecke dieses Kapitels benennen die Mitgliedstaaten eine oder mehrere Verbindungsstellen und teilen den übrigen Mitgliedstaaten und der Kommission die Kontaktdaten dieser Stellen mit. Die Kommission veröffentlicht die Liste der Verbindungsstellen und aktualisiert diese Liste regelmäßig.

(3) Ersuchen um Informationen und um Durchführung von Überprüfungen, Kontrollen und Untersuchungen nach Maßgabe dieses Kapitels müssen ordnungsgemäß begründet sein; insbesondere ist anzugeben, weshalb die betreffenden Informationen angefordert werden. Die ausgetauschten Informationen dürfen nur im Zusammenhang mit der Angelegenheit verwendet werden, für die sie angefordert wurden.

(4) Die Mitgliedstaaten stellen bei Erhalt eines Ersuchens um Amtshilfe von den zuständigen Behörden eines anderen Mitgliedstaats sicher, dass die in ihrem Ho-

heitsgebiet niedergelassenen Dienstleistungserbringer ihren zuständigen Behörden alle Informationen zur Verfügung stellen, die für die Kontrolle ihrer Tätigkeiten nach Maßgabe ihrer nationalen Gesetze erforderlich sind.

(5) Treten bei der Beantwortung eines Ersuchens um Informationen oder bei der Durchführung von Überprüfungen, Kontrollen und Untersuchungen Schwierigkeiten auf, so informiert der betroffene Mitgliedstaat umgehend den ersuchenden Mitgliedstaat, um eine gemeinsame Lösung zu finden.

(6) Die Mitgliedstaaten stellen die von anderen Mitgliedstaaten oder von der Kommission angeforderten Informationen so schnell wie möglich auf elektronischem Wege zur Verfügung.

(7) Die Mitgliedstaaten stellen sicher, dass die Register, in die die Dienstleistungserbringer eingetragen sind und die von den zuständigen Behörden in ihrem Hoheitsgebiet eingesehen werden können, unter denselben Bedingungen auch von den entsprechenden zuständigen Behörden der anderen Mitgliedstaaten eingesehen werden können.

(8) Die Mitgliedstaaten unterrichten die Kommission über Fälle, in denen andere Mitgliedstaaten ihrer Verpflichtung zur Amtshilfe nicht nachkommen. Soweit erforderlich, ergreift die Kommission geeignete Maßnahmen, einschließlich der Verfahren nach Artikel 226 des Vertrags, um sicherzustellen, dass die betreffenden Mitgliedstaaten ihre Verpflichtungen zur gegenseitigen Amtshilfe erfüllen. Die Kommission informiert die Mitgliedstaaten in regelmäßigen Abständen über das Funktionieren der Bestimmungen über die Amtshilfe.

Artikel 29 Amtshilfe – Allgemeine Verpflichtungen für den Niederlassungsmitgliedstaat

(1) In Bezug auf Dienstleistungserbringer, die in einem anderen Mitgliedstaat Dienstleistungen erbringen, übermittelt der Niederlassungsmitgliedstaat die von diesem anderen Mitgliedstaat angeforderten Informationen über Dienstleistungserbringer, die in seinem Hoheitsgebiet niedergelassen sind, und bestätigt insbesondere, dass ein Dienstleistungserbringer in seinem Hoheitsgebiet niedergelassen ist und – seines Wissens – seine Tätigkeiten nicht in rechtswidriger Weise ausübt.

(2) Der Niederlassungsmitgliedstaat nimmt die von einem anderen Mitgliedstaat erbetenen Überprüfungen, Kontrollen und Untersuchungen vor und informiert diesen über die Ergebnisse und, ggf., über die veranlassten Maßnahmen. Die zuständigen Behörden werden im Rahmen der Befugnisse tätig, die sie in ihrem Mitgliedstaat besitzen. Die zuständigen Behörden können entscheiden, welche Maßnahmen in jedem Einzelfall am besten zu ergreifen sind, um dem Ersuchen eines anderen Mitgliedstaats nachzukommen.

(3) Sobald der Niederlassungsmitgliedstaat tatsächliche Kenntnis von einem Verhalten oder spezifischen Handlungen eines in seinem Hoheitsgebiet niedergelassenen und in anderen Mitgliedstaaten tätigen Dienstleistungserbringers erhält, von

denen – seines Wissens – eine ernste Gefahr für die Gesundheit oder die Sicherheit von Personen oder für die Umwelt ausgehen könnte, unterrichtet er so schnell wie möglich alle anderen Mitgliedstaaten sowie die Kommission.

Artikel 30 Kontrolle durch den Niederlassungsmitgliedstaat im Fall eines vorübergehenden Ortswechsels eines Dienstleistungserbringers in einen anderen Mitgliedstaat

(1) In Fällen, die nicht von Artikel 31 Abs. 1 erfasst werden, stellt der Niederlassungsmitgliedstaat sicher, dass die Einhaltung seiner Anforderungen gemäß den in seinem nationalen Recht vorgesehenen Kontrollbefugnissen überwacht wird, insbesondere durch Kontrollmaßnahmen am Ort der Niederlassung des Dienstleistungserbringers.

(2) Der Niederlassungsmitgliedstaat kann die Ergreifung von Kontroll- oder Durchführungsmaßnahmen in seinem Hoheitsgebiet nicht aus dem Grund unterlassen, dass die Dienstleistung in einem anderen Mitgliedstaat erbracht wurde oder dort Schaden verursacht hat.

(3) Die in Absatz 1 genannte Verpflichtung bedeutet für den Niederlassungsmitgliedstaat nicht, dass er verpflichtet ist, Prüfungen des Sachverhalts und Kontrollen im Hoheitsgebiet des Mitgliedstaats durchzuführen, in dem die Dienstleistung erbracht wird. Solche Prüfungen und Kontrollen werden auf Ersuchen der Behörden des Niederlassungsmitgliedstaats und im Einklang mit Artikel 31 von den Behörden des Mitgliedstaats durchgeführt, in dem der Dienstleistungserbringer vorübergehend tätig ist.

Artikel 31 Kontrolle durch den Mitgliedstaat, in dem die Dienstleistung erbracht wird, im Fall eines vorübergehenden Ortswechsels des Dienstleistungserbringers

(1) In Bezug auf nationale Anforderungen, die gemäß Artikel 16 oder 17 gestellt werden können, ist der Mitgliedstaat der Dienstleistungserbringung für die Kontrolle der Tätigkeit der Dienstleistungserbringer in seinem Hoheitsgebiet zuständig. Im Einklang mit dem Gemeinschaftsrecht:

a) ergreift der Mitgliedstaat der Dienstleistungserbringung alle erforderlichen Maßnahmen um sicherzustellen, dass die Dienstleistungserbringer die Anforderungen über die Aufnahme und Ausübung der betreffenden Tätigkeit erfüllen;
b) führt der Mitgliedstaat der Dienstleistungserbringung die Überprüfungen, Kontrollen und Untersuchungen durch, die für die Kontrolle der erbrachten Dienstleistung erforderlich sind.

(2) Wechselt ein Dienstleistungserbringer vorübergehend in einen anderen Mitgliedstaat, in dem er keine Niederlassung hat, um eine Dienstleistung zu erbringen, so wirken die zuständigen Behörden dieses Mitgliedstaates in Bezug auf andere Anforderungen als die in Absatz 1 genannten gemäß den Absätzen 3 und 4 an der Kontrolle des Dienstleistungserbringers mit.

(3) Auf Ersuchen des Niederlassungsmitgliedstaats nehmen die zuständigen Behörden des Mitgliedstaats der Dienstleistungserbringung die Überprüfungen, Kontrollen und Untersuchungen vor, die notwendig sind, um die Wirksamkeit der Kontrolle des Niederlassungsmitgliedstaats sicherzustellen. Die zuständigen Behörden werden im Rahmen der Befugnisse tätig, die sie in ihrem Mitgliedstaat besitzen. Die zuständigen Behörden können entscheiden, welche Maßnahmen in jedem Einzelfall am besten zu ergreifen sind, um dem Ersuchen des Niederlassungsmitgliedstaats nachzukommen.

(4) Die zuständigen Behörden des Mitgliedstaats der Dienstleistungserbringung können von Amts wegen Überprüfungen, Kontrollen und Untersuchungen vor Ort durchführen, vorausgesetzt, diese Maßnahmen sind nicht diskriminierend, beruhen nicht darauf, dass der Dienstleistungserbringer seine Niederlassung in einem anderen Mitgliedstaat hat und sind verhältnismäßig.

Artikel 32 Vorwarnungsmechanismus

(1) Erhält ein Mitgliedstaat Kenntnis von bestimmten Handlungen oder Umständen im Zusammenhang mit einer Dienstleistungstätigkeit, die einen schweren Schaden für die Gesundheit oder Sicherheit von Personen oder für die Umwelt in seinem Hoheitsgebiet oder im Hoheitsgebiet anderer Mitgliedstaaten verursachen könnten, so unterrichtet dieser Mitgliedstaat so schnell wie möglich den Niederlassungsmitgliedstaat, die übrigen betroffenen Mitgliedstaaten und die Kommission hierüber.

(2) Zur Durchführung von Absatz 1 unterstützt die Kommission den Betrieb eines europäischen Netzes der Behörden der Mitgliedstaaten und beteiligt sich daran.

(3) Nach dem in Artikel 40 Abs. 2 genannten Verfahren erlässt die Kommission detaillierte Regeln zur Verwaltung des in Absatz 2 des vorliegenden Artikels genannten Netzes und aktualisiert diese regelmäßig.

Artikel 33 Informationen über die Zuverlässigkeit von Dienstleistungserbringern

(1) Auf Ersuchen einer zuständigen Behörde eines anderen Mitgliedstaats übermitteln die Mitgliedstaaten unter Beachtung ihres nationalen Rechts Informationen über Disziplinar- oder Verwaltungsmaßnahmen oder strafrechtliche Sanktionen und Entscheidungen wegen Insolvenz oder Konkurs mit betrügerischer Absicht, die von ihren zuständigen Behörden gegen einen Dienstleistungserbringer verhängt wurden und die von direkter Bedeutung für die Kompetenz oder berufliche Zuverlässigkeit des Dienstleistungserbringers sind. Der Mitgliedstaat, der die Informationen zur Verfügung stellt, informiert den Dienstleistungserbringer darüber.

Ersuchen gemäß Unterabsatz 1 müssen hinreichend begründet sein, insbesondere bezüglich der Gründe für den Antrag auf Information.

(2) Die in Absatz 1 genannten Sanktionen und Maßnahmen werden nur mitgeteilt, wenn eine endgültige Entscheidung ergangen ist. Hinsichtlich der anderen in Ab-

satz 1 genannten vollstreckbaren Entscheidungen muss der Mitgliedstaat, der die Informationen übermittelt, angeben, ob es sich um eine endgültige Entscheidung handelt oder ob Rechtsbehelfe dagegen eingelegt wurden und wann voraussichtlich über diese entschieden wird.

Dieser Mitgliedstaat muss darüber hinaus angeben, auf Grund welcher nationaler Rechtsvorschriften der Dienstleistungserbringer verurteilt oder bestraft wurde.

(3) Bei der Anwendung der Absätze 1 und 2 müssen die Vorschriften über den Schutz personenbezogener Daten und die Rechte von in den betreffenden Mitgliedstaaten – auch durch Berufsverbände – verurteilten oder bestraften Personen beachtet werden. Alle diesbezüglichen Informationen, die öffentlich zugänglich sind, müssen den Verbrauchern zugänglich sein.

Artikel 34 Begleitende Maßnahmen

(1) Die Kommission richtet in Zusammenarbeit mit den Mitgliedstaaten ein elektronisches System für den Austausch von Informationen zwischen den Mitgliedstaaten ein, wobei sie bestehende Informationssysteme berücksichtigt.

(2) Die Mitgliedstaaten ergreifen mit Unterstützung der Kommission begleitende Maßnahmen, um den Austausch der mit der Amtshilfe betrauten Beamten und deren Fortbildung einschließlich Sprach- und Computerkursen zu fördern.

(3) Die Kommission prüft die Erforderlichkeit der Einrichtung eines Mehrjahresprogramms zur Organisation derartiger Beamtenaustausch- und Fortbildungsmaßnahmen.

Artikel 35 Amtshilfe bei Ausnahmen im Einzelfall

(1) Beabsichtigt ein Mitgliedstaat, eine Maßnahme gemäß Artikel 18 zu ergreifen, so ist unbeschadet der gerichtlichen Verfahren, einschließlich Vorverfahren und Handlungen, die im Rahmen einer strafrechtlichen Ermittlung durchgeführt werden, die in den Absätzen 2 bis 6 des vorliegenden Artikels festgelegte Vorgehensweise einzuhalten.

(2) Der in Absatz 1 genannte Mitgliedstaat ersucht den Niederlassungsmitgliedstaat, Maßnahmen gegen den betreffenden Dienstleistungserbringer zu ergreifen und übermittelt alle zweckdienlichen Informationen über die in Frage stehende Dienstleistung und den jeweiligen Sachverhalt.

Der Niederlassungsmitgliedstaat stellt unverzüglich fest, ob der Dienstleistungserbringer seine Tätigkeit rechtmäßig ausübt und überprüft den Sachverhalt, der Anlass des Ersuchens ist. Er teilt dem ersuchenden Mitgliedstaat unverzüglich mit, welche Maßnahmen getroffen wurden oder beabsichtigt sind, oder aus welchen Gründen keine Maßnahmen getroffen wurden.

(3) Nachdem eine Mitteilung der Angaben gemäß Absatz 2 Unterabs. 2 durch den Niederlassungsmitgliedstaat erfolgt ist, unterrichtet der ersuchende Mitgliedstaat

die Kommission und den Niederlassungsmitgliedstaat über die von ihm beabsichtigten Maßnahmen, wobei er mitteilt:

a) aus welchen Gründen er die vom Niederlassungsmitgliedstaat getroffenen oder beabsichtigten Maßnahmen für unzureichend hält;
b) warum er der Auffassung ist, dass die von ihm beabsichtigten Maßnahmen die Voraussetzungen des Artikels 18 erfüllen.

(4) Die Maßnahmen dürfen frühestens 15 Arbeitstage nach der in Absatz 3 genannten Mitteilung getroffen werden.

(5) Unbeschadet der Möglichkeit des ersuchenden Mitgliedstaates, nach Ablauf der Frist gemäß Absatz 4 die betreffenden Maßnahmen zu ergreifen, muss die Kommission so schnell wie möglich prüfen, ob die mitgeteilten Maßnahmen mit dem Gemeinschaftsrecht vereinbar sind.

Kommt die Kommission zu dem Ergebnis, dass die Maßnahme nicht mit dem Gemeinschaftsrecht vereinbar ist, so erlässt sie eine Entscheidung, in der sie den betreffenden Mitgliedstaat auffordert, von den beabsichtigten Maßnahmen Abstand zu nehmen oder sie unverzüglich aufzuheben.

(6) In dringenden Fällen kann der Mitgliedstaat, der beabsichtigt, eine Maßnahme zu ergreifen, von den Absätzen 2, 3 und 4 abweichen. In diesen Fällen sind die Maßnahmen der Kommission und dem Niederlassungsmitgliedstaat unverzüglich unter Begründung der Dringlichkeit mitzuteilen.

Artikel 36 Durchführungsmaßnahmen

Die Kommission erlässt nach dem in Artikel 40 Abs. 3 genannten Verfahren die zur Änderung nicht wesentlicher Bestimmungen dieses Kapitels bestimmten Durchführungsmaßnahmen, indem sie es durch Angabe der in den Artikeln 28 und 35 genannten Fristen ergänzt. Die Kommission erlässt ferner nach dem in Artikel 40 Abs. 2 genannten Verfahren die praktischen Regelungen des Informationsaustauschs auf elektronischem Wege zwischen den Mitgliedstaaten und insbesondere die Bestimmungen über die Interoperabilität der Informationssysteme.

Kapitel VII
Konvergenzprogramm

Artikel 37 Verhaltenskodizes auf Gemeinschaftsebene

(1) Die Mitgliedstaaten ergreifen in Zusammenarbeit mit der Kommission begleitende Maßnahmen, um insbesondere Berufsverbände, -organisationen und -vereinigungen zu ermutigen, auf Gemeinschaftsebene im Einklang mit dem Gemeinschaftsrecht Verhaltenskodizes auszuarbeiten, die die Dienstleistungserbringung oder die Niederlassung von Dienstleistungserbringern in einem anderen Mitgliedstaat erleichtern sollen.

(2) Die Mitgliedstaaten stellen sicher, dass die in Absatz 1 genannten Verhaltenskodizes aus der Ferne und elektronisch zugänglich sind.

Artikel 38 Ergänzende Harmonisierung

Die Kommission prüft bis zum 28. 12. 2010 die Möglichkeit, Vorschläge für harmonisierende Rechtsakte zu folgenden Punkten vorzulegen:
a) die Aufnahme von Tätigkeiten zur gerichtlichen Beitreibung von Forderungen;
b) private Sicherheitsdienste und Beförderung von Geld und Wertgegenständen.

Artikel 39 Gegenseitige Evaluierung

(1) Die Mitgliedstaaten legen der Kommission bis zum 28. 12. 2009 einen Bericht vor, der die folgenden Angaben enthält:
a) Informationen gemäß Artikel 9 Abs. 2 über die Genehmigungsregelungen;
b) Informationen gemäß Artikel 15 Abs. 5 über die zu prüfenden Anforderungen;
c) Informationen gemäß Artikel 25 Abs. 3 über die multidisziplinären Tätigkeiten.

(2) Die Kommission leitet die in Absatz 1 genannten Berichte an die anderen Mitgliedstaaten weiter, die binnen 6 Monaten nach Erhalt zu jedem dieser Berichte ihre Stellungnahme übermitteln. Gleichzeitig konsultiert die Kommission die betroffenen Interessengruppen zu diesen Berichten.

(3) Die Kommission legt die Berichte und Anmerkungen der Mitgliedstaaten dem in Artikel 40 Abs. 1 genannten Ausschuss vor, der dazu Stellung nehmen kann.

(4) Unter Berücksichtigung der in den Absätzen 2 und 3 genannten Stellungnahme legt die Kommission dem Europäischen Parlament und dem Rat spätestens bis zum 28. 12. 2010 einen zusammenfassenden Bericht vor; diesem fügt sie ggf. Vorschläge für ergänzende Initiativen bei.

(5) Die Mitgliedstaaten legen der Kommission spätestens bis zum 28. 12. 2009 einen Bericht über die nationalen Anforderungen vor, deren Anwendung unter Artikel 16 Abs. 1 Unterabs. 3 und Abs. 3 Satz 1 fallen könnte; in diesem Bericht legen sie die Gründe dar, aus denen die betreffenden Anforderungen ihres Erachtens mit den Kriterien nach Artikel 16 Abs. 1 Unterabs. 3 und Artikel 16 Abs. 3 Satz 1 vereinbar sind.

Danach übermitteln die Mitgliedstaaten der Kommission alle Änderungen der vorstehend genannten Anforderungen einschließlich neuer Anforderungen und begründen dies.

Die Kommission setzt die anderen Mitgliedstaaten von den übermittelten Anforderungen in Kenntnis. Diese Übermittlung steht dem Erlass der betreffenden Vorschriften durch den jeweiligen Mitgliedstaat nicht entgegen. Die Kommission legt danach jährlich Analysen und Orientierungshinweise in Bezug auf die Anwendung derartiger Vorschriften im Rahmen dieser Richtlinie vor.

Artikel 40 Ausschussverfahren

(1) Die Kommission wird von einem Ausschuss unterstützt.

(2) Wird auf diesen Absatz Bezug genommen, so gelten die Artikel 5 und 7 des Beschlusses 1999/468/EG unter Beachtung von dessen Artikel 8. Der Zeitraum nach Artikel 5 Abs. 6 des Beschlusses 1999/468/EG wird auf 3 Monate festgesetzt.

(3) Wird auf diesen Absatz Bezug genommen, so gelten die Artikel 5 a Abs. 1 bis 4 und Artikel 7 des Beschlusses 1999/468/EG unter Beachtung von dessen Artikel 8.

Artikel 41 Überprüfungsklausel

Die Kommission legt dem Europäischen Parlament und dem Rat bis zum 28. 12. 2011 und danach alle 3 Jahre einen umfassenden Bericht über die Anwendung dieser Richtlinie vor. Im Einklang mit Artikel 16 Abs. 4 geht dieser Bericht insbesondere auf die Anwendung des Artikels 16 ein. Er behandelt ferner die Frage, ob zusätzliche Maßnahmen in Bereichen außerhalb des Anwendungsbereichs dieser Richtlinie erforderlich sind. Er enthält ggf. Vorschläge für die Anpassung dieser Richtlinie im Hinblick auf die Vollendung des Binnenmarktes für Dienstleistungen.

Artikel 42 Änderung der Richtlinie 98/27/EG

Dem Anhang der Richtlinie 98/27/EG des Europäischen Parlaments und des Rates vom 19. Mai 1998 über Unterlassungsklagen zum Schutz der Verbraucherinteressen[1] wird folgende Nummer angefügt:

(13) Richtlinie 2006/123/EG des Europäischen Parlaments und des Rates vom 12. Dezember 2006 über Dienstleistungen im Binnenmarkt (ABl. L 376 vom 27. 12. 2006, S. 36).

Artikel 43 Schutz personenbezogener Daten

Bei der Umsetzung und Anwendung dieser Richtlinie und insbesondere der Bestimmungen über Kontrollen werden die Vorschriften zum Schutz personenbezogener Daten, der Richtlinie 95/46/EG und der Richtlinie 2002/58/EG eingehalten.

Kapitel VIII
Schlussbestimmungen

Artikel 44 Umsetzung

(1) Die Mitgliedstaaten setzen die erforderlichen Rechts- und Verwaltungsvorschriften in Kraft, die erforderlich sind, um dieser Richtlinie bis spätestens ab dem 28. 12. 2009 nachzukommen.

1) ABl. L 166 vom 11. 6. 1998, S. 51. Zuletzt geändert durch die Richtlinie 2005/29/EG.

Sie teilen der Kommission unverzüglich den Wortlaut dieser Rechtsvorschriften mit. Wenn die Mitgliedstaaten diese Vorschriften erlassen, nehmen sie in den Vorschriften selbst oder durch einen Hinweis bei der amtlichen Veröffentlichung auf diese Richtlinie Bezug. Die Mitgliedstaaten regeln die Einzelheiten der Bezugnahme.

(2) Die Mitgliedstaaten teilen der Kommission den Wortlaut der wichtigsten innerstaatlichen Rechtsvorschriften mit, die sie auf dem unter diese Richtlinie fallenden Gebiet erlassen.

Artikel 45 Inkrafttreten

Diese Richtlinie tritt am Tag nach ihrer Veröffentlichung im Amtsblatt der Europäischen Union in Kraft.

Artikel 46 Adressaten

Diese Richtlinie ist an die Mitgliedstaaten gerichtet.

3. Vertiefungshinweise (nicht abschließend)

3.1 Literatur

Bernhardt, Fingierte Genehmigungen nach der Dienstleistungsrichtlinie – Möglichkeiten der Regelung und Einschränkung, Gewerbearchiv 2009, 100 ff.

Blanke, Zur Verbandskompetenz und Staatsaufsicht anlässlich der Verortung des »Einheitlichen Ansprechpartners« bei den Wirtschaftskammern, Wirtschaft und Verwaltung 2008, 176 ff.

Calles/Korte, Die Dienstleistungsrichtlinie und ihre Umsetzung in Deutschland, Europarecht-Beiheft 2-2009, S. 65 ff.

Cremer, Umsetzung der Dienstleistungsrichtlinie in Deutschland – Verfassungsrechtliche Grenzen für die Installierung der Kammern als Einheitliche Ansprechpartner, Europäische Zeitschrift für Wirtschaftsrecht 2008, S. 655 ff.

Günnewicht/Tiedge, Aufsicht über die Erbringung von Dienstleistungen: Ein neuer Rechtsrahmen nach der Dienstleistungsrichtlinie, Wirtschaft und Verwaltung 2008, 212 ff.

Heine/Eisenberg, Verwertungsgesellschaften im Binnenmarkt – Die kollektive Wahrnehmung von Urheberrechten nach der Dienstleistungsrichtlinie, Gewerblicher Rechtsschutz und Urheberrecht Internationaler Teil, 2009, 277 ff.

Klamert, Die Notifizierungspflichten der Dienstleistungsrichtlinie: ein Fall für den EuGH?, Deutsches Verwaltungsblatt 2008, 829 ff.

Kormann, Einheitlicher Ansprechpartner und deutscher Föderalismus: der Zwang zur Kooperation – Probleme bei der Umsetzung der Art. 6 ff. der EU- Dienstleistungsrichtlinie, 2008, Ludwig-Fröhler-Institut für Handwerkswissenschaften, München

Korte, Abschied von der Aufnahmeüberwachung?, Deutsches Verwaltungsblatt 2009, 489 ff.

Kunz, One Stop Europe 2008: Die Umsetzung der Dienstleistungsrichtlinie – Kurzbericht über Internationale Konferenz zum Thema E-Government am 17. und 18. April, Wirtschaft und Verwaltung 2008, 230 ff.

Lemor, Ausgesuchte Rechtsfragen der Umsetzung der Dienstleistungsrichtlinie, Europäische Zeitschrift für Wirtschaftsrecht 2009, 65 ff.

Luch/Schulz, Kontrolldefizite im Binnenmarkt für Dienstleistungen?, Gewerbearchiv 2009, 143 ff.

Luch/Schulz, Die »schwarze Liste« unzulässigere Anforderungen an Dienstleistungserbringer (Art. 16 Abs. 2 DLR) als Gefahr für die öffentliche Sicherheit und Ordnung?, Gewerbearchiv 2009, 184 f.

Ruge, Die Wahrnehmng der Aufgaben des Einheitlichen Ansprechpartners nach der EG-Dienstleistungsrichtlinie in den Bundesländern, Zeitschrift für Gesetzgebung 2009, 45 ff.

Sabel/Wimmer, Die Auswirkungen der europäischen Dienstleistungsrichtlinie auf Auswahl und Bestellung des Insolvenzverwalters, Zeitschrift für Wirtschaftsrecht 2008, 2097 ff.

Scheiding, Die europäische Dienstleistungsrichtlinie: Turbo für die Wirtschaft oder Sturm im Wasserglas? – Bericht über den 11. Hamburger Wirtschaftsrechtstag, Gewerbearchiv 2008, 481 ff.

Schlachter/Ohler (Hrsg.): Europäische Dienstleistungsrichtlinie, Handkommentar, Nomos, Baden-Baden 2008

Schliesky, Die Umsetzung der EU-Dienstleistungsrichtlinie in der deutschen Verwaltung, Teil I: Grundlagen, 2008, Lorenz-von-Stein-Institut für Verwaltungswissenschaften, Kiel

Schliesky/Luch/Schulz, Überlegungen zum Anwendungsbereich der Dienstleistungsrichtlinie, Wirtschaft und Verwaltung 2008, 151 ff.

Schmitz/Prell, Verfahren über eine einheitliche Stelle – Das Vierte Gesetz zur Änderung verwaltungsverfahrensrechtlicher Vorschriften, Neue Zeitschrift für das Verwaltungsrecht, 2009, 1 ff.

Schulz, Gemeinschaftsrechtliche Verpflichtung zur elektronischen Verfahrensabwicklung (Art. 8 DLR) als Perspektive zur Etablierung eines Rechtsrahmes des eGovernment?, Deutsches Verwaltungsblatt 2009, 12 ff.

Schulz, Kooperationsmodelle zur Umsetzung des Einheitlichen Ansprechpartners als unzulässige Mischverwaltung?, Deutsches Verwaltungsblatt 2008, 1028 ff.
Stober, Die Bedeutung der Dienstleistungsrichtlinie (DLR) für das Wirtschaftsverwaltungsrecht, Wirtschaft und Verwaltung 2008, 139 ff.

3.2 Internetadressen

www.dienstleistungsrichtlinie.de
http://ec.europa.eu/internal_market/top_layer/index_19_de.htm
http://ec.europa.eu/internal_market/services/docs/services-dir/guides/handbook_de.pdf
➔ hier kann das von der EU-Kommission verfasste »Handbuch zur Umsetzung der Dienstleistungsrichtlinie« abgerufen werden
www.deutschland-onlinde.de
www.german-business-portal.info

4. Überblick über die Regelungen der DLRL

4.1 Von der Anwendung der DLRL ausgenommene Bereiche

Die Kenntnis über die nachstehenden Bereichsausnahmen ist wichtig, denn damit bestimmt sich insbesondere der verpflichtende Umfang der über den Einheitlichen Ansprechpartner (s. Ziff. 5) abzuwickelnden Verfahren und Formalitäten. Des Weiteren wird u. a. die Normprüfung (s. Ziff. 6) und der daraus abzuleitende Änderungsbedarf begrenzt.

Dabei sei der Vollständigkeit halber noch erwähnt, dass zwar schon der Begriff »Dienstleistung« trotz der Legaldefinition in Art. 4 Nr. 1 DLRL interpretationsbedürftig ist. Jedoch kann bei den weiteren Ausführungen zu Grunde gelegt werden, dass unter **Dienstleistung jede selbstständige Leistungserbringung gegen Entgelt** zu verstehen ist[3].

Die folgende Auflistung gibt kursorisch Auskunft über die komplexen Ausnahmesachverhalte:

- Ausgenommene **Rechtsgebiete:**
  - Grundrechte (Art. 1 Abs. 7 DLRL) einschließlich des Schutzes oder der Förderung der kulturellen oder sprachlichen Vielfalt (Art. 1 Abs. 3 DLRL)
  - Sozialrecht (Art. 1 Abs. 6 DLRL)
  - Arbeitsrecht einschließlich Tarifautonomie und Arbeitskampfrecht (Art. 1 Abs. 6, Abs. 7 Satz 2 DLRL)
  - Strafrecht (Art. 1 Abs. 5 DLRL)
  - Steuerrecht (Art. 2 Abs. 3 DLRL)
  - Internationales Privatrecht und Verbraucherschutz (Art. 3 Abs. 2 DLRL)
  - Subventionsrecht (Art. 1 Abs. 3 DLRL)
  - Medienrecht, soweit es zur Aufrechterhaltung der Medienpluralität dient (Art. 1 Abs. 4 DLRL)
  - Sog. Jedermann-Vorschriften (Erwägungsgrund 9), d. h. Vorschriften, die von Dienstleistungserbringern bei ihrer Tätigkeit ebenso zu beachten sind wie von Privatpersonen (z. B. Straßenverkehrsvorschriften, Baunormen u. s. w., es sei denn, diese beziehen sich speziell auf die Ausübung einer Dienstleistung)
- Ausgenommene **Dienstleistungsbereiche:**
  - **nichtwirtschaftliche** Dienstleistungen von allgemeinem Interesse (Art. 2 Abs. 2 lit. a DLRL), wie Unternehmen, die mit ihrer Tätigkeit dem Gemeinwohl dienen, indem sie etwa kulturelle, soziale und karitative Leistungen wahrnehmen
  - Finanzdienstleistungen (Art. 2 Abs. 2 lit. b DLRL), einschließlich Dienstleistungen im Zusammenhang mit Versicherungen (s. hierzu die Richtlinie 2002/92/EG des Europäischen Parlamentes und des Rates vom 9. Dezember 2002 über Versicherungsvermittlung (ABl. EG Nr. L 9 S. 3)
  - Dienstleistungen und Netze der elektronischen Kommunikation (Art. 2 Abs. 2 lit. c DLRL)

3 Im deutschen Wirtschaftsverwaltungsrecht werden **nicht** die Begrifflichkeiten der DLRL (= Dienstleistungs ...) verwendet, sondern gewöhnlich findet man »gewerblich« oder »gewerbsmäßig«.

  - Verkehrsdienstleistungen einschließlich der Hafendienste (Art. 2 Abs. 2 lit. d DLRL), jedoch **ohne** den Betrieb von Fahrschulen, Autovermietungen, Umzugs- und Bestattungsfirmen
  - Leiharbeitsagenturen (Art. 2 Abs. 2 lit. e DLRL)
  - Gesundheitsdienstleistungen (Art. 2 Abs. 2 lit. f DLRL), aber **ohne** Tätigkeiten in Bezug auf die Tiergesundheit sowie Dienstleistungen im Wellnessbereich, wie Sportstudios, Saunen
  - audiovisuelle Dienste und Rundfunk (Art. 2 Abs. 2 lit. g DLRL), d. h. Tätigkeiten des Fernsehens, des Rundfunks, des Kinos und der Presse werden von der Ausnahme erfasst, allerdings **nicht** begleitende Dienstleistungen, z. B. Tätigkeit von Werbeagenturen oder die Fernseh- bzw. Rundfunkwerbung selbst
  - Glücksspiele (Art. 2 Abs. 2 lit. h DLRL), worunter beispielsweise Lotterien, Wetten, Automatenspiele in gewerblichen Spielhallen oder in staatlichen Spielbanken fallen, aber **nicht** sog. Geschicklichkeitsspiele
  - Ausübung hoheitlicher Gewalt (Art. 2 Abs. 2 lit. i DLRL)
  - soziale Dienstleistungen (Art. 2 Abs. 2 lit. j DLRL), die vom Staat (in weitem Sinne), dessen Beauftragten oder von gemeinnützig anerkannten Organisationen erbracht werden
  - private Sicherheitsdienste (Art. 2 Abs. 2 lit. k DLRL)
  - Notare und Gerichtsvollzieher (Art. 2 Abs. 2 lit. l DLRL)
- Bereiche aufgrund anderer **Gemeinschaftsrechtsakte** (Art. 3 Abs. 1 DLRL), für die die Bestimmungen der **DLRL** nur **subsidiär** gelten:
  - die Entsenderichtlinie (Richtlinie 96/71/EG des Europäischen Parlaments und des Rates vom 16. Dezember 1996 über die Entsendung von Arbeitnehmern im Rahmen der Erbringung von Dienstleistungen, ABl. 1997 Nr. L 18, S. 1)
  - die Verordnung (EWG) Nr. 1408/71 (Verordnung des Rates vom 14. Juni 1971 zur Anwendung der Systeme der sozialen Sicherheit auf Arbeitnehmer und Selbständige sowie deren Familienangehörige, die innerhalb der Gemeinschaft zu- und abwandern, ABl. Nr. L 149, S. 2)
  - die Richtlinie 89/552/EWG (Richtlinie des Rates vom 3. Oktober 1989 zur Koordinierung bestimmter Rechts- und Verwaltungsvorschriften der Mitgliedstaaten über die Ausübung der Fernsehtätigkeit, ABl. Nr. L 298, S. 23)
  - die Berufsanerkennungsrichtlinie (vgl. Fn. 9)
- Ausnahmen von der Dienstleistungsfreiheit in Bezug auf die **grenzüberschreitende** Tätigkeit von Dienstleistungserbringern (Art. 16 DLRL)
  - Dienstleistungen von allgemeinem wirtschaftlichem Interesse (Art. 17 Nr. 1 DLRL) mit den Regelbeispielen Post-, Elektrizitäts- und Gassektor sowie bei der Wasser-, Abwasser- und Abfallbewirtschaftung (zu Letzterem s. auch Art. 17 Nr. 10 DLRL)
  - Sachverhalte, die unter die Entsenderichtlinie fallen (Art. 17 Nr. 2 DLRL)
  - Angelegenheiten, die der Anwendung der Datenschutzrichtlinie unterliegen (Art. 17 Nr. 3 DLRL)
  - Tätigkeiten von Rechtsanwälten (Art. 17 Nr. 4 DLRL)
  - gerichtliche Beitreibung von Forderungen (Art. 17 Nr. 5 DLRL)
  - Regelungen des Marktzugangs bei reglementierten Berufen nach der Berufsanerkennungsrichtlinie (vgl. Fn. 9), allerdings hinsichtlich der Ausübungsregelungen bleibt Art. 16 DLRL anzuwenden, sowie beim geschaffenen Monopol

für eine bestimmte Dienstleistung, soweit diese Angehörigen eines bestimmten Berufes vorbehalten ist (Art. 17 Nr. 6 DLRL)
- Systeme zur sozialen Sicherheit (Art. 17 Nr. 7 DLRL)
- Verwaltungsformalitäten im Rahmen der Freizügigkeit von Unionsbürgern und Anforderungen an Drittstaatsangehörige (Art. 17 Nr. 8 und 9 DLRL)
- gewerbliche Schutzrechte (Art. 17 Nr. 11 DLRL)
- gesetzlich normierte Handlungen von Notaren (Art. 17 Nr. 12 DLRL)
- gesellschaftsrechtliche Pflichtprüfungen (Art. 17 Nr. 13 DLRL)
- Zulassung von Leasingfahrzeugen in einem anderen Mitgliedstaat (Art. 17 Nr. 14 DLRL)
- Bestimmungen des Schuldrechts, soweit sie nach den Vorschriften des internationalen Privatrechts festgelegt wurden (Art. 17 Nr. 15 DLRL)

4.2. Allgemeine Verwaltungsvereinfachungsanforderungen der DLRL

- Vereinfachung von Verfahren und Formalitäten bezüglich der Aufnahme und Ausübung einer Dienstleistungstätigkeit (Art. 5 Abs. 1 DLRL)
- Möglichkeit der Einführung von einheitlichen Formblätter durch die EU-Kommission (Art. 5 Abs. 2 DLRL)
- Gegenseitige Anerkennung von Nachweisen (Art. 5 Abs. 3 DLRL)
- Einrichtung eines Einheitlichen Ansprechpartners (Art. 6 Abs. 1 DLRL), im Einzelnen vgl. Ziff. 5 sowie zur Umsetzung[4] Teil V Abschnitt 1a Verwaltungsverfahrensgesetz (eingefügt durch das Vierte Gesetz zur Änderung verwaltungsverfahrensrechtlicher Vorschriften – 4. VwVfÄndG)[5]
- Leichte, elektronische Zugänglichkeit zu Informationen (Art. 7 Abs. 1 bis 4 DLRL), s. § 71c VwVfG nach Änderung durch das 4. VwVfÄndG
- Elektronische Verfahrensabwicklung (Art. 8 DLRL), vgl. § 71e VwVfG nach Änderung durch das 4. VwVfÄndG
- Registerzugang für ausländische zuständige Behörden (Art. 28 Abs. 7 DLRL), Näheres unter Ziff. 4.4

4.3. Anforderungen an Genehmigungsverfahren durch die DLRL

Bevor die Anforderungen an Genehmigungsverfahren im Einzelnen zu klären sind, ist festzustellen, welche Vorgänge hiervon umfasst werden. Nach der **Legaldefinition des Art. 4 Nr. 6 DLRL** ist als Genehmigungsregelung **jedes Verfahren** zu verstehen, das einen Dienstleistungserbringer oder -empfänger verpflichtet, bei einer zuständigen Behörde eine förmliche oder stillschweigende **Entscheidung über die Aufnahme oder Ausübung einer Dienstleistungstätigkeit** zu erwirken. Hiervon sind sowohl Konzessionen, Erlaubnisse, Lizenzen und Zulassungen als auch die Eintragung bei einer

---

4 Darüber hinaus muss im Fachrecht auf das VwVfG verwiesen werden. Insofern haben die Länder vorab – wie teilweise bereits geschehen – ihre VwVfG ebenfalls diesbezüglich anzupassen (s. auch Ziff. 4.3.3, 7.1 und 7.2), soweit sie dies nicht wie in einigen Ländern, z. B. in § 1 Abs. 1 Niedersächsisches Verwaltungsverfahrensgesetz, in § 1 SächsVwVfG und in § 1 Abs. 1 Satz 1 Verwaltungsverfahrensgesetz Sachsen-Anhalt, rechtstechnisch elegant gelöst haben, indem sie ohnehin auf das VwVfG des Bundes verweisen.

5 Vom 11. Dezember 2008, Bundesgesetzblatt I S. 2418.

Berufskammer, in eine Berufsrolle, in einem Register oder in einer Datenbank ebenso wie der Besitz eines Ausweises, der die Zugehörigkeit zu einem Beruf bescheinigt, falls diese Voraussetzung notwendig ist, um die Tätigkeit ausüben zu dürfen, betroffen. Selbst Anzeigepflichten fallen unter den Genehmigungsbegriff, sofern ohne sie die Ausübung der Tätigkeit rechtswidrig wäre. Dies bedeutet, dass der Begriff der Genehmigung in der DLRL **wesentlich weiter** zu fassen ist als nach dem deutschen Rechtssystem (vgl. Erwägungsgrund 39).

4.3.1. Dem deutschen Recht geläufige Anforderungen nach der DLRL

Anforderungen nach der DLRL, die dem deutschen Recht dem Grunde nach geläufig sind bzw. ggf. allenfalls entsprechend dem Ergebnis des Normenscreenings (vgl. Ziff. 6) anzupassen wären:

- Verbot diskriminierender Regelungen (Art. 9 Abs. 1 lit. a DLRL)
- Rechtfertigung von Genehmigungsvorbehalten durch zwingende Gründe des Allgemeininteresses (Art. 9 Abs. 1 lit. b DLRL)
- Beachtung des Verhältnismäßigkeitsgrundsatzes (Art. 9 Abs. 1 lit. c DLRL), wobei hierbei insbesondere der nachträglichen Kontrolle eine besondere Bedeutung zukommt
- Verbot der willkürlichen behördlichen Ermessensausübung (Art. 10 Abs. 1 in Verbindung mit Abs. 2 DLRL)
- Pflicht zur Erteilung einer Genehmigung, wenn eine angemessene Prüfung ergibt, dass die Voraussetzungen vorliegen (Art. 10 Abs. 5 DLRL)
- Begründungspflicht für behördliche Entscheidungen, außer der Genehmigung, nebst Möglichkeit zur Einlegung eines Rechtsmittels (Art. 10 Abs. 6 DLRL)
- Grundsätzliches Verbot, Genehmigungen befristet zu erteilen (Art. 11 Abs. 1 DLRL)
- Neutrales und transparentes Auswahlverfahren mit der Pflicht zur Bekanntgabe, wenn die Dienstleistungstätigkeit aufgrund natürlicher oder technischer Ressourcen begrenzt werden muss (Art. 12 Abs. 1 DLRL)
- Eine klare Ausgestaltung der Genehmigungsverfahren und -formalitäten, so dass eine objektive und unparteiische Behandlung der Anträge gewährleistet ist (Art. 13 Abs. 1 DLRL)
- Keine abschreckende Ausgestaltung der Genehmigungsverfahren und -formalitäten (Art. 13 Abs. 1 DLRL)
- Keine unangemessene Erschwernis bei der Erbringung der Dienstleistung durch das Genehmigungsverfahren und die -formalitäten (Art. 13 Abs. 2 DLRL)
- Unverzügliche Bearbeitung von Anträgen innerhalb einer vorab festgelegten Zeit, die bekannt gemacht wird (Art. 13 Abs. 3 DLRL); wurde durch § 25 Abs. 2 Verwaltungsverfahrensgesetz (neu gefasst durch das 4. VwVfÄndG) teilweise umgesetzt.

4.3.2. Umsetzung in nationales Recht

Nachfolgende Tatbestände der DLRL bedürfen noch der Umsetzung in nationales Recht[6]:

- Verbot doppelter Anforderungen und Kontrollen (Art. 10 Abs. 3 DLRL), d. h. insbesondere Anforderungen, die im Herkunftsland für die Erteilung einer Genehmigung erfüllt wurden, werden im Zielland anerkannt.

6 S. auch Ziff. 8.3.

- Bundesweite Geltung von Genehmigungen (Art. 10 Abs. 4 DLRL)
  Dies gilt unabhängig davon, ob sie auf Kommunal-, Kammer-, Landes- oder auf Bundesrecht beruhen, es sei denn, eine Beschränkung des räumlichen Geltungsbereichs ist aus zwingenden Gründen des Allgemeininteresses (vgl. Art. 4 Nr. 8 DLRL) gerechtfertigt. Allein die Tatsache, dass die Befugnis zur Erteilung von Genehmigungen bei lokalen oder regionalen Behörden liegt, ist **kein** ausreichender Rechtfertigungsgrund im Sinne von Art. 4 Nr. 8 DLRL. Auch der Föderalismus als solcher stellt keinen tauglichen Rechtfertigungsgrund dar. Allerdings dürfte es für eine Rechtfertigung regelmäßig ausreichen, wenn die Genehmigung an eine physische Infrastruktur (beispielsweise ein Ladenlokal) gebunden ist.
  Dabei wird die Transformation dieser Vorgabe Schwierigkeiten bereiten. Denn die Kompetenzverteilung zwischen Bund, Ländern und Kommunen verbietet es, beispielsweise Genehmigungsregelungen eines Landes über dessen Hoheitsgebiet hinaus anzuordnen. In rechtlich zulässiger Weise könnte eine (gegenseitige) Anerkennung anderer Genehmigungen statuiert werden.
- Informationspflichten des Dienstleistungserbringers nach Art. 11 Abs. 3 DLRL
- Festlegung von Entscheidungsfristen nach Art. 13 Abs. 3 DLRL, soweit von der Festlegung einer Genehmigungsfiktion (Näheres s. im Folgenden zu Ziff. 4.3.3) durch einen zwingenden Grund des Allgemeininteresses abgesehen wird.

4.3.3. Verweise im Fachrecht auf das Verwaltungsverfahrensgesetz

Anforderungen nach der DLRL, die schon (teilweise) in nationales Recht transformiert wurden, bei denen aber noch Verweise im Fachrecht auf das Verwaltungsverfahrensgesetz vorzunehmen sind:[7]

DLRL-Anforderung	Umsetzungsmaßnahme
Abwicklung von Formalitäten und Verfahren über den einheitlichen Ansprechpartner (Art. 6 Abs. 1 DLRL)	§ 71 a ff. Verwaltungsverfahrensgesetz (neu gefasst durch das 4. VwVfÄndG)
Genehmigungsfiktion[8] (Art. 13 Abs. 4 DLRL), von der aber wegen eines zwingenden Grundes des Allgemeininteresses ausnahmsweise verzichtet werden darf	§ 42 a Verwaltungsverfahrensgesetz (eingefügt durch das 4. VwVfÄndG)
Empfangsbestätigung (Art. 13 Abs. 5 DLRL)	§ 71 b Abs. 3 Verwaltungsverfahrensgesetz (neu gefasst durch das 4. VwVfÄndG)
Verfahren beim unvollständigen Antrag (Art. 13 Abs. 6 DLRL)	§ 71 b Abs. 4 Verwaltungsverfahrensgesetz (neu gefasst durch das 4. VwVfÄndG)

7 Ziff. 7.2.

8 Bislang allenfalls aus dem Baurecht bekannt (vgl. § 57 Abs. 2 Satz 3 Hessische Bauordnung); nach der Legaldefinition in § 42 a Abs. 1 Satz 1 Halbsatz 1 VwVfG (eingefügt durch das 4. VwVfÄndG) gilt eine beantragte Genehmigung nach Ablauf einer für die Entscheidung festgelegten Frist als erteilt. Damit bedarf es zwar nicht des Erlasses eines begünstigenden Verwaltungsaktes. Dennoch ist eine solche fingierte Genehmigung als Verwaltungsakt kraft gesetzgeberischerer Entscheidung zu werten.

4.4. Europäische Verwaltungszusammenarbeit

4.4.1. Allgemeines zur europäischen Amtshilfe

Mit dem gemeinsamen Binnenmarkt entsteht auch ein einheitlicher Verwaltungsraum. Für diesen fehlt jedoch eine einheitliche Verwaltungsorganisation. Daher sind die im Kapitel Verwaltungszusammenarbeit (Art. 28 ff. DLRL) normierten Bestimmungen von großer Bedeutung für die Bearbeitung der zunehmend **transnationalen** Sachverhalte. Hierbei ist vor allem die Zusammenarbeit als stetige Informationshilfe konzipiert.

Demzufolge wird nach Maßgabe von Art. 34 Abs. 1 DLRL das abgekürzt **IMI** (= Internal Market Information System) genannte **Binnenmarkt-Informationssystem** mit einem eigenen Modul weiterentwickelt, um die Kommunikation zwischen den Behörden der Mitgliedstaaten zu verbessern. Es handelt sich dabei um ein elektronisches System für den Austausch von Informationen, mit dessen Hilfe die Mitgliedstaaten bei der alltäglichen Anwendung der Binnenmarktvorschriften effizienter zusammenarbeiten können. IMI soll zur Überwindung der umfangreichen praktischen Hindernisse beitragen, die sich aus den unterschiedlichen Verwaltungs- und Arbeitsabläufen, den verschiedenen Sprachen und dem Fehlen fester Ansprechpartner in den anderen Mitgliedstaaten ergeben. Außerdem soll es durch Verringerung des Verwaltungsaufwands die Effizienz und Wirksamkeit der alltäglichen Zusammenarbeit zwischen den Mitgliedstaaten erhöhen.

Bislang leistet das IMI sukzessive Unterstützung für die gegenseitige Amtshilfe aufgrund der Berufsanerkennungsrichtlinie[9]. Ab Dezember 2009 wird IMI auch die Verwaltungszusammenarbeit nach der DLRL unterstützen.

Um den für die grenzüberschreitende Verwaltungszusammenarbeit erforderlichen Rechtsrahmen zu schaffen, muss das Verwaltungsverfahrensgesetz noch ergänzt werden[10]. Im Verwaltungsverfahrensgesetz des Bundes ist ab dem 28. Dezember 2009 ein neuer Abschnitt »Europäische Verwaltungszusammenarbeit« (§§ 8a bis 8e) eingefügt, der nicht nur die Vorgaben der DLRL erfüllt, sondern allgemein Regelungen schafft, um auch sonstigen Rechtsakten der EU, die zur gegenseitigen Hilfeleistung verpflichten, Genüge zu tun.

In diesem Zusammenhang bedarf es **keiner** gesonderten Anordnung im Fachrecht, allerdings kann von den diesbezüglichen beabsichtigten Vorschriften des Verwaltungsverfahrensgesetzes abgewichen und diese dürfen ergänzt werden.

---

9 Die sog. **Berufsanerkennungsrichtlinie** (Richtlinie 2005/36/EG des Europäischen Parlaments und des Rates über die Anerkennung von Berufsqualifikationen vom 7. September 2005 (ABl. EU Nr. L 255 S. 22, 2007 Nr. L 271 S. 18, zuletzt geändert durch Verordnung (EG) Nr. 755/2008 der Kommission vom 31. Juli 2008 – ABl. EU Nr. L 205 S. 10) als Teil der Lissabon-Strategie soll ebenfalls zur Verwirklichung der Dienstleistungsfreiheit beitragen. In ihr wird die gegenseitige Anerkennung von Berufsqualifikationen, die in den Mitgliedstaaten der EU erworben wurden, umfassend geregelt und zugleich finden sich in ihr Vorschriften zur diesbezüglichen Zusammenarbeit der zuständigen Stellen in der EU.
Beispielhaft für die Umsetzung der Berufsanerkennungsrichtlinie in Deutschland sei auf das Gesetz über die Anerkennung von Berufsqualifikationen in der Gewerbeordnung vom 12. Dezember 2008 (Bundesgesetzblatt I S. 2423), die Verordnung über die Anerkennung der Berufsqualifikationen im Bewachungsgewerbe vom 14. Januar 2009 (Bundesgesetzblatt I S. 43) und die Hufbeschlag-Anerkennungsverordnung vom 10. März 2009 (Bundesgesetzblatt I S. 485) verwiesen.

10 Zur erforderlichen Simultangesetzgebung der Länder s. Fn. 4; zum Regelungsinhalt im Einzelnen vgl. Art. 4a des Gesetzes zur Umsetzung der Dienstleistungsrichtlinie im Gewerberecht und zur Änderung weiterer Rechtsvorschriften (Bundesgesetzblatt I, S. 2091).

4.4.2. Aufsichtszuständigkeiten der Behörden

Die DLRL sieht grundsätzlich eine **geteilte Aufsicht** hinsichtlich der **exekutiven** Befugnisse vor. Danach beschränken sich die vollziehenden Rechte der Behörden auf das jeweilige Hoheitsgebiet des Mitgliedstaats. Das Herkunftsland des Dienstleistungserbringers kann aber die Behörden des Niederlassungsstaates um Überprüfungen, Kontrollen und Untersuchungen bitten. Das erbetene Vorgehen muss jedoch im Einklang mit den innerstaatlichen Befugnissen des Ziellandes stehen. Die **legislative** Kompetenz umfasst hingegen die Möglichkeit, grenzüberschreitende Aktivitäten von Inländern über das eigene Hoheitsgebiet auszudehnen. Damit lassen sich etwaige Lücken zulasten von Verbrauchern im Zielland vermeiden.

4.4.3. Vorwarnsystem als Ausprägung der europäischen Amtshilfe

Art. 29 Abs. 3 DLRL enthält eine spezielle Amtshilfepflicht, die in Verbindung mit Art. 32 DLRL einen bestimmten Vorwarnungsmechanismus in Gang setzt, wenn die Mitgliedstaaten Kenntnis von Dienstleistungstätigkeiten erhalten, die einen schweren Schaden für die Gesundheit oder die Sicherheit von Personen oder für die Umwelt verursachen können. Dann besteht nämlich die Verpflichtung, so schnell wie möglich den Niederlassungsmitgliedstaat, die übrigen betroffenen Mitgliedstaaten und die Kommission zu informieren.

Um das plangemäße Funktionieren des Vorwarnungsmechanismus sicherzustellen, wird eine besondere Anwendung im Rahmen des IMI entwickelt. Folgende Kriterien müssen **kumulativ** für die Abgabe einer Vorwarnung erfüllt sein:

- Das Verhalten oder die spezifischen Handlungen oder Umstände beziehen sich auf eine **Dienstleistungstätigkeit,**
- es besteht eine ernste Gefahr für die Gesundheit oder die Sicherheit von Personen oder für die Umwelt,
- es besteht ein Kausalzusammenhang zwischen der Dienstleistungssituation und dem potenziellen schweren Schaden,
- es besteht eine tatsächliche Gefahr und
- die Gefahr ist grenzüberschreitend.

Falls die Gefahr von **Konsumgütern** ausgeht, ist der in Rede stehende Vorwarnungsmechanismus **nicht anzuwenden**. Hier sollten die jeweiligen Schnellwarnsysteme für Produkte zum Einsatz kommen.[11] Dennoch kann in bestimmten Fällen das Verhalten eines Dienstleistungserbringers mit der Verwendung von Produkten im Rahmen seiner Dienstleistungstätigkeit in Verbindung stehen, wie etwa der Dienstleistungserbringer verwendet sichere Produkte unsachgemäß. Dann gelangt der in Rede stehende Vorwarnungsmechanismus zur Anwendung.

11 Das Schnellwarnsystem für NonFood-Erzeugnisse (RAPEX), das Schnellwarnsystem für Lebens- und Futtermittel (RASFF) oder das Warnsystem (»Überwachungs«-System) für medizinische Produkte.

4.5. Weitere Eckpunkte

4.5.1. Das Verbot der Diskriminierung

Das Verbot der **Diskriminierung in Art. 20 Abs. 2 DLRL** in Bezug auf die Staatsangehörigkeit oder den Wohnort eines Dienstleistungsempfängers weist die Besonderheit auf, dass die Vorschrift sich (jedenfalls mittelbar) auch an Private richtet. Damit **profitieren** nicht nur die Dienstleistungserbringer von den Erleichterungen durch die DLRL, sondern auch die **Dienstleistungsempfänger**. Diskriminierungen im Sinne des Art. 20 Abs. 2 DLRL finden sich z. B. im Bereich des Online-Shoppings, indem etwa der Erwerb eines Produkts aus einem anderen Mitgliedstaat über ein Online-Portal nicht möglich ist, weil man stets automatisch auf eine entsprechende Seite eines inländischen Anbieters weitergeleitet wird.

4.5.2. Qualitätssicherung

Die Art. 22 bis 27 DLRL bezwecken eine **Verbesserung der Qualität** von Dienstleistungen. Zur Qualitätssicherung werden harmonisierte Höchst- und Mindeststandards geschaffen. Im Wesentlichen ordnet die DLRL folgende Maßnahmen an:
- Informationspflichten der Dienstleistungserbringer nach Art. 22 DLRL,
- bei risikobehafteten Dienstleistungen dürfen die Mitgliedstaaten vom Dienstleistungserbringer eine **Berufshaftpflichtversicherung** oder eine vergleichbare Sicherheitsleistung verlangen (Art. 23 DLRL),
- als Methoden der Qualitätssicherung kommen gemäß Art. 26 DLRL Zertifizierungen und Gütesiegel in Betracht.

4.5.3. Allgemeine Informationen

Die Mitgliedstaaten müssen im Übrigen **Dienstleistungsempfängern** in ihrem Wohnsitzstaat allgemeine Informationen zu folgenden Themen anbieten:
- die in anderen Mitgliedstaaten geltenden Anforderungen bezüglich der Aufnahme und der Ausübung von Dienstleistungstätigkeiten, vor allem solche über den Verbraucherschutz;
- die bei Streitfällen zwischen Dienstleistungserbringer und -empfänger zur Verfügung stehenden Rechtsbehelfe;
- Erreichbarkeit von Verbänden und Organisationen, die den Dienstleistungserbringer oder -empfänger beraten und unterstützen können, einschließlich der Zentren des Netzes der europäischen Verbraucherzentren.

Die Bundesregierung richtet hierfür ein elektronisches **Portal** zu Art. 21 DLRL ein. Dies wird Basisinformationen zu den grundsätzlichen rechtlichen Rahmenbedingungen in Deutschland enthalten sowie Informationen für Dienstleister, die nicht mit den deutschen Strukturen vertraut sind, leicht zugänglich und verständlich (auf Englisch) darstellen.

Darüber hinaus wird das Portal entsprechend der zuvor genannten drei Anforderungen Informationen zu den übrigen Mitgliedstaaten enthalten.

Schließlich soll eine Möglichkeit zur Kontaktaufnahme für ergänzende Anfragen von Dienstleitungsempfängern das Portalangebot vervollständigen.

4.5.4. Berichtspflichten

Art. 39 Abs. 1 DLRL enthält **einmalige Berichtspflichten** der Mitgliedstaaten an die EU-Kommission hinsichtlich

- bestehender Genehmigungsregelungen und deren Begründung, warum sie mit Art. 9 Abs. 1 DLRL vereinbar sind,
- beizubehaltender Anforderungen im Sinne von Art. 15 Abs. 2 DLRL und deren Vereinbarkeit mit den Bedingungen des Art. 15 Abs. 3 DLRL,
- aufgehobener oder gelockerter Anforderungen im Sinne von Art. 15 Abs. 2 DLRL und
- bestehender Verbote oder Beschränkungen über multidisziplinäre Tätigkeiten und deren Begründung, warum sie mit Art. 25 Abs. 1 DLRL vereinbar sind.

Dauerberichtspflichten nach

- Art. 15 Abs. 7 DLRL über neue Anforderungen im Sinne von Art. 15 Abs. 2 und 6 DLRL und Gründe, warum diese die in Art. 15 Abs. 3 genannten Bedingungen erfüllen
- und Art. 39 Abs. 5 Unterabsatz 2 DLRL über Änderungen von bestehenden sowie neuen Anforderungen im Sinne von Art. 16 DLRL

bestünden dem Wortlaut des Art. 15 Abs. 7 DLRL nach diesbezüglich zwar bereits seit Inkrafttreten der DLRL an die EU-Kommission. Aus pragmatischen Gründen soll aber zunächst **der Ende 2009 einzureichende Gesamtbericht** nach Art. 39 DLRL übermittelt werden. Dieser erfasst die Aspekte des Art. 15 Abs. 7 DLRL inhaltlich mit. **Erst ab Anfang 2010 ist gesondert nach Art. 15 Abs. 7 DLRL und Art. 39 Abs. 5 Unterabsatz 2 zu berichten.**

5. Einheitlicher Ansprechpartner (EA)

5.1. Allgemeines

Der EA oder im Englischen Point of Single Contact (PSC) dient nach der Konzeption der DLRL dazu, für einen Dienstleistungserbringer als eine Kontaktstelle zur Verfügung zu stehen, über die er alle Verfahren und Formalitäten abwickeln kann. Der EA hat die Funktion eines unterstützenden **Verfahrensmittlers** zwischen Bürger oder Unternehmen und den jeweils zuständigen Behörden (s. Erwägungsgrund 48). Seine Hauptaufgabe besteht zunächst darin, eine Orientierung über alle einschlägigen Vorschriften, die erforderlichen Verfahren und die jeweils zuständigen Behörden zu geben. Darüber hinaus **kann** die gesamte Verfahrenskorrespondenz mit den zuständigen Behörden über den EA abgewickelt werden, natürlich immer nur soweit diese Verfahren unter den Anwendungsbereich der DLRL (zu den Ausnahmen s. Ziff. 4.1) fallen. Es liegt in der Dispositionsfreiheit des Dienstleistungserbringers, ob und inwieweit er den EA für seine Interessen einsetzen will. Dabei ist der EA in der Stellung eines front-office und die zuständigen Stellen agieren als back-office. Der EA führt in seiner Funktion als Verfahrensmittler die Verwaltungsverfahren nicht selbst durch, muss aber zumindest über den jeweiligen Verfahrensstand Auskunft geben können.

Dem EA kommen als einheitliche Stelle ausschließlich Vermittlungs- und Unterrichtungsaufgaben zu, und nur in diesem Sachbereich ist er allenfalls – beispielsweise bei der Ablehnung eines Informationsbegehrens – zu eigenen Entscheidungen befugt. Über das materielle Begehren eines Dienstleistungserbringers darf er **nicht** entscheiden, selbst mangelhafte Anträge darf er nicht ablehnen, sondern nur über deren Mängel unterrichten. Er kommt, eine gesetzmäßige Aufgabenwahrnehmung vorausgesetzt, nicht einmal in die Lage, auch nur den Anschein einer Sachentscheidungskompetenz zu erwecken. Ebenso wenig darf sein Handeln Zweifel an dem jeweiligen Verantwortungszusammenhang für eine von einer anderen Behörde getroffene und von ihm lediglich vermittelte Entscheidung hervorrufen.

Gleichwohl gehen seine Aufgaben als unterstützender Verfahrensmittler über die eines bloßen Empfangsboten der sachlich zuständigen Stellen oder eines bloßen Übermittlers von Ein- und Ausgängen deutlich hinaus (s. Beschreibung der Funktion des EA in Ziff. 5.2).

Für die Abwicklung von **Rechtsbehelfsverfahren** über den EA besteht **keine** gemeinschaftsrechtliche Verpflichtung, denn Art. 6 Abs. 1 DLRL grenzt die Tätigkeit des EA auf Verfahren und Formalitäten ein. Es handelt sich mithin um einen Vorgang, der prüft, ob überhaupt eine Dienstleistungstätigkeit ausgeübt werden darf. Die Einlegung eines Rechtsmittels hingegen betrifft bereits die Entscheidung über die Ausübung des Dienstleistungserbringers. Zudem bedarf es hierbei auch nicht der Verfahrensleitung durch den EA, weil nur eine **bestimmte** Behörde betroffen ist.

Gemäß Art. 6 Abs. 2 DLRL bleibt die **Verteilung von Zuständigkeiten** und Befugnissen zwischen den Behörden innerhalb der nationalen Systeme **unberührt**. Gleichwohl werden die Handlungsabläufe der zuständigen Behörden bestimmten Restriktionen unterworfen, denn ihnen entstehen vor allem zusätzliche Informations- und Auskunftspflichten. Dem Dienstleistungsbringer wiederum steht es frei, ob er für seine Anträge, Anzeigen oder Informationsbedürfnisse eine Verfahrensabwicklung über den EA beanspruchen will oder ob er unmittelbar an die maßgebliche Behörde herantritt. Ebenso lediglich als Angebot ist die Möglichkeit für den Dienstleistungserbringer zu verstehen, dass er sowohl mit dem EA als auch mit den zuständigen Behörden elektronisch kommunizieren und auch allgemeine Informationen für seine Belange auf diesem Weg recherchieren kann.

Der EA wird dabei – wie von der WMK entschieden (s. Ziff. 1 a. E.) – in Deutschland **auch für die inländischen Dienstleistungserbringer** seine Dienste anbieten. Regelungstechnisch muss für den Einsatz des EA im entsprechenden Fachrecht auf die **einheitliche Stelle** nach Titel V Abschnitt 1a Verwaltungsverfahrensgesetz (neu gefasst durch das 4. VwVfÄndG) verwiesen werden[12].

Außerdem ist es infolge des unverändert bestehen bleibenden Regimes der nationalen Zuständigkeitsverteilung richtig, wenn § 71 b Abs. 1 Verwaltungsverfahrensgesetz (neu gefasst durch das 4. VwVfÄndG) als nationale Maßnahme der Umsetzung »nur« die Entgegennahme von Anzeigen, Anträgen, Willenserklärungen und Unterlagen sowie die unverzügliche Weiterleitung an die zuständigen Behörden durch die einheitliche Stelle normiert. Aus der DLRL lässt sich **nicht** schließen, dass es ausreicht, wenn sich ein **Dienstleister an eine beliebige einheitliche Stelle** wendet, um die Frist für die Genehmigungsfiktion in Lauf zu setzen. Es besteht keine Verpflichtung einer unzuständigen einheitlichen Stelle – somit besteht auch nicht die Gefahr des Eintretens der Genehmigungsfiktion – und es ist nicht zwingend erforderlich, für eine örtliche unzuständige einheitliche Stelle eine gesetzliche Regelung zum Handeln zu schaffen. Insofern ist die Regelung über die gegenseitige Unterstützung nach § 71 d Verwaltungsverfahrensgesetz (neu gefasst durch das 4. VwVfÄndG) ausreichend, um beispielsweise die eingegangenen Unterlagen an die örtlich zuständige einheitliche Stelle zu übermitteln, und es bedarf darüber hinaus keiner weiteren Bestimmungen.

Im Übrigen wird die Zahl der EA nicht nur von Mitgliedstaat zu Mitgliedstaat variieren, sondern dieser Umstand wird auch von Bundesland zu Bundesland in Deutschland auftreten (im Einzelnen s. Ziff. 5.7) und sich nach den jeweiligen regionalen Zuständigkeiten und/oder Tätigkeiten richten. Letzteres ist dem föderalen System in Deutschland geschuldet. Diese heterogene Situation bedarf der Abstimmung zwischen den Bundesländern, denn für das Funktionieren des Gesamtsystems sind **gemeinsame Schnittstellen** im elektronischen Verfahren unbedingt geboten. Außerdem ist vorgesehen, dass die EA in Deutschland mit einem einheitlichen Logo nach außen auftreten sollen.

Einheitlicher Ansprechpartner — **Point of Single Contact**

(Mit freundlicher Genehmigung des Bundesministeriums für Wirtschaft und Technologie)

12 Vgl. Ziff. 7.1 und 7.2.

Des Weiteren ist beabsichtigt, dass auch ein europäisches EA-Logo entwickelt wird, das dann in die nationale Markenstrategie einzubinden wäre.

5.2. Aufgabenprofil

Der EA hat vor allem folgende Funktionen:

- Abwicklung der Verfahren und Formalitäten über ihn, wenn der Dienstleistungserbringer dies wünscht, sowie die mit dieser Funktionalität einhergehenden Beratungs- und Koordinierungsaufgaben,
- elektronische Präsenz (Art. 8 Abs. 1 DLRL),
- Weiterleitung an die zuständigen Behörden,
- Erteilung von Informationen über die in Art. 7 Abs. 1 lit. a bis e DLRL genannten Angaben (obligatorisch) sowie nach Art. 21 Abs. 2 in Verbindung mit Abs. 1 DLRL im Sinne einer Verbraucherberatung (optional),
- Beantwortung aller Auskunfts- und Unterstützungsersuchen so schnell wie möglich (Art. 7 Abs. 4 DLRL),
- unverzügliche Unterrichtung des Antragstellers, wenn sein Auskunfts- und Unterstützungsersuchen fehlerhaft oder unbegründet ist (Art. 7 Abs. 4 DLRL),
- Entgegennahme von Informationen (Art. 11 Abs. 3 DLRL),
- Beginn des Fristenlaufs (vgl. § 71b Abs. 2 VwVfG) und
- Zuständigkeit während der gesamten Dauer des Bestehens eines Dienstleistungserbringers.

5.3. Lösungsoptionen

Das **Recht**, einen oder mehrere **EA** einzurichten, **obliegt den Ländern**, weil dem Bund hierzu regelmäßig die Organisationshoheit über die Verwaltung fehlt. Dabei ist zu berücksichtigen, dass die nachstehend beschriebenen Ansiedlungsoptionen grundsätzlich zulässig sind, solange die Kompetenzverteilung zwischen Bund und Ländern (Verbot der Mischverwaltung) sowie die Garantie der kommunalen Selbstverwaltung nach Art. 28 Abs. 2 Grundgesetz unangetastet bleibt. Des Weiteren muss die Zuständigkeit für den EA eindeutig erkennbar sein. In diesem Zusammenhang wurden verschiedene Typen hinsichtlich der Organisation des EA diskutiert, bei denen jeweils unterschiedlicher Klärungsbedarf bei der Realisierung besteht:

Im **Kommunalmodell** wären die Kommunen und/oder Landkreise als EA tätig, die aufgrund ihrer ohnehin breiten Palette an Zuständigkeiten für Erlaubnisverfahren auf nützliche Erfahrungen zurückgreifen könnten. Wegen der großen Anzahl von kommunalen Gebietskörperschaften wäre eine Konzentration auf bestimmte Gemeinden bzw. Landkreise zweckmäßig. Probleme dürften hierbei hinsichtlich der Konnexität[13] entstehen.

---

13 Vgl. exemplarisch Art. 137 Abs. 6 Hessische Verfassung, wonach bei Verpflichtung zur Übernahme staatlicher Aufgaben durch die kommunalen Gebietskörperschaften, Regelungen über die Kostenfolgen zu treffen sind.

Beim **Kammermodell** könnte der EA bei den Kammern der wirtschaftlichen und freiberuflichen Selbstverwaltung angesiedelt werden. Dabei kann wiederum zwischen dem Allkammer- und dem Wirtschaftskammermodell differenziert werden.

Beim **Allkammermodell** würden alle betroffenen Kammern – die Handwerkskammern, die Industrie- und Handelskammern, die Architektenkammern, die Ingenieurkammern, die Landestierärztekammern, die Steuerberaterkammern, die Rechtsanwaltskammern und die Wirtschaftsprüferkammern – jeweils für ihre Mitglieder mit den EA-Funktionen betraut.

Beim **Wirtschaftskammermodell** hingegen würden Industrie- und Handelskammern bzw. Handwerkskammern entweder jeweils allein oder aber gemeinsam die Funktionalität des EA ausüben. Beide »Verortungsoptionen« werfen allerdings eine Reihe von rechtlichen Fragen auf, etwa ob die Aufgabe als EA nicht den Wirkungskreis der Kammern im Hinblick auf die Pflichtmitgliedschaft ihrer Mitglieder überschreitet, insbesondere wenn eine Zuordnung der nicht-verkammerten Berufe erfolgt. Des Weiteren wären in diesem Zusammenhang regionale Zuständigkeitsgrenzen klärungsbedürftig.

Das **Kooperationsmodell** bietet zwei Varianten: Entweder betreiben die Kammern gemeinsam mit den Kommunen oder das Land, die Kammern und Kommunen zusammen den EA. Damit könnten viele Kompetenzen sinnvoll gebündelt werden und der Dienstleistungserbringer hätte eine klar für ihn zuzuordnende Struktur.

Beim **staatlichen Modell** wäre den Landesmittelbehörden (Regierungspräsidien, Landesdirektionen) die Aufgabe als EA zuzuweisen. Da es sich bei ihnen um Bündelungs- und Aufsichtsbehörden handelt, wäre diese »Verortung« vorteilhaft. Allerdings sind Mittelbehörden in den Stadtstaaten und auch in einigen Ländern (z.B. Niedersachsen) nicht (mehr) vorhanden und die Länder wären bei künftigen Neustrukturierungen möglicherweise eingeschränkt.

5.4. Kosten

Die Möglichkeit des EA, Gebühren zu erheben, wird im Erwägungsgrund 49 der DLRL eingeräumt. Die Gebührenhöhe ist jedoch entsprechend Art. 13 Abs. 2 DLRL zu bemessen, wobei als Obergrenze die Kosten des Verfahrens benannt werden. Demgemäß ist von einem **Kostendeckungsprinzip** auszugehen und es darf **nicht** – wie in den Kostenordnungen üblich – das **Äquivalenzprinzip**[14] zum Ansatz kommen. Folglich darf die Höhe der dem Dienstleistungserbringer aufzuerlegenden Gebühren den Verwaltungsaufwand nicht übersteigen. Die in Art. 13 Abs. 2 DLRL genannten Kriterien der Vertretbarkeit und der Verhältnismäßigkeit können sogar zu einer geringeren Gebührenbelastung führen.

Die Kosten des EA sind von Variablen (Anzahl der Verfahren, Gebührenhöhe, sonstige Ausgaben) abhängig, die derzeit nur geschätzt werden können. Unabhängig von der Wahl der Organisation des EA muss damit gerechnet werden, dass eine **Finanzierungslücke** entsteht. Denn die Einnahmen durch Gebühren und Auslagen dürften jedenfalls in der Anfangsphase der Tätigkeit des EA dessen Ausgaben nicht decken.

14 Bei diesem Prinzip wird auch der wirtschaftliche Vorteil für den Dienstleistungserbringer bei der Gebührenbemessung berücksichtigt.

5.5. Datenschutz

Die Fragen des Datenschutzes dürften – ungeachtet der Entscheidung über das »Verortungsmodell« – **lösbar** sein. Denn die Einschaltung des EA ist in das Belieben des Dienstleistungserbringers gestellt und die vom EA einzuschaltenden Stellen sind öffentliche Stellen im Sinne der Datenschutzgesetze.

Etwaige Zweifel könnten durch den Abschluss von sog. Nutzungsvereinbarungen, wie sie auch bei sonstigen elektronischen Verfahren üblich sind, beseitigt werden.

In Bezug auf die technische Umsetzung beim EA gilt nichts anderes als allgemein für automatisierte Verfahren und Infrastrukturen auch. Es ist insbesondere ein Datenschutz- und Datensicherheitskonzept zu erstellen.

Die beabsichtigte Schaffung von Regelungen über die rechtlichen Rahmenbedingungen[15] für eine sichere und vertrauenswürdige Kommunikation zwischen Bürgerinnen und Bürger und der Wirtschaft und der Verwaltung durch sicheren E-Mail-Verkehr De-Mail, Dokumentablage De-Safe und Identitätsbescheinigungsdienst ist möglicherweise geeignet, im Hinblick auf die Verständigung des EA mit Dienstleistungserbringern neue Impulse zu geben.

5.6. Aufsicht

Hier stellt sich die Frage, ob für die Tätigkeiten des EA eine Rechtsaufsicht[16] oder eine Fachaufsicht[17] anzuordnen ist. Da der EA staatliche Aufgaben vollzieht, spricht Einiges für eine Fachaufsicht. Da sich der Unterschied der beiden Aufsichtsarten im Wesentlichen auf die Überprüfung von Ermessensfragen beschränkt, der EA wiederum von seiner Funktion her keine Ermessensentscheidungen treffen dürfte, kommt letztlich der Entscheidung über den Typus der Aufsicht keine besondere Bedeutung zu.

5.7. Bislang erfolgte bzw. geplante nationale »Verortungen«

- Nach dem Kabinettsbeschluss vom 19. Mai 2009 ist in **Baden-Württemberg** vorgesehen, dass die Industrie- und Handelskammern, die Handwerkskammern, die Rechtsanwaltskammern, die Steuerberaterkammern, die Architektenkammer, die Ingenieurkammer und die Landtierärztekammer sowie – auf freiwilliger Basis – die 35 Landkreise und 9 Stadtkreise die Aufgabe des EA wahrnehmen. Dem Dienstleistungserbringer soll es freigestellt bleiben, ob er eine Kammer oder einen Stadt- bzw. Landkreis als EA auswählt.
- Der EA soll in **Berlin** bei der Senatsverwaltung für Wirtschaft, Technologie und Frauen eingerichtet werden. Durch Kooperation mit der Industrie- und Handelskammer zu Berlin, der Handwerkskammer Berlin, der Berlin Partner GmbH und dem DGB – Bezirk Berlin-Brandenburg – soll er in der Lage sein, Unternehmen

15 S. Entwurf eines Gesetzes zur Regelung von Bürgerportalen und zur Änderung weiterer Rechtsvorschriften in Bundesrats-Drucksache 174/09.

16 Darunter wird die Prüfung der Handlungen auf ihre Rechtmäßigkeit hin verstanden.

17 Eine Fachaufsicht umfasst neben der Prüfung, ob das Tätigwerden rechtmäßig war auch eine Kontrolle der Handhabung des Ermessens und der Zweckmäßigkeit.

auch allgemeine Standortinformationen zu geben, bei betriebswirtschaftlichen Fragen weiterzuhelfen oder auch Arbeitnehmerinnen und Arbeitnehmern Informationen über Arbeitsrecht, Arbeitsschutz oder Sozialrecht zu erteilen. Damit hätten Unternehmen zusätzlich die Möglichkeit, alle wesentlichen Informationen und Kontakte über diese eine Servicestelle zu erhalten.

- In **Brandenburg** legt das Gesetz vom 7. Juli 2009 über den Einheitlichen Ansprechpartner für das Land Brandenburg (Gesetz- und Verordnungsblatt I S. 262) die rechtlichen Rahmenbedingungen fest. Der EA wird als Einrichtung im Geschäftsbereich des Wirtschaftsministeriums errichtet.
- Das Allkammermodell soll in **Hamburg** verwirklicht werden.
- In **Hessen** ist vorgesehen, den EA bei den Regierungspräsidien zu verankern.
- In **Niedersachsen** wird es einerseits einen EA im Wirtschaftsministerium geben, andererseits wird vor Ort den 37 Landkreisen, der Region Hannover, den 8 kreisfreien Städten und den 7 großen selbstständigen Städten sowie der Landeshauptstadt Hannover und der Stadt Göttingen diese Aufgabe übertragen, um die kommunale Verwaltungskraft zu stärken.
- In **Nordrhein-Westfalen** soll den Kreisen und kreisfreien Städten die Aufgabe übertragen werden, als EA und damit als Verfahrenspartner für inländische und ausländische Unternehmen tätig zu sein. Der EA wäre bei den insgesamt 54 Kreisen und kreisfreien Städten anzusiedeln. Das Land beabsichtigt jedoch die Anzahl auf 18 zu reduzieren[18].
- In **Mecklenburg-Vorpommern** sollen die zukünftigen Aufgaben des EA bei den Wirtschaftskammern verortet werden.
- Im **Saarland** soll ein einziger EA Saar gebildet werden, der von interessierten Kammern und gegebenenfalls juristischen Personen des privaten Rechts getragen wird. Es soll eine gemeinsame Geschäftsstelle eingerichtet werden. Die Zusammenarbeit der Träger des EA Saar werden in einem öffentlich-rechtlichen Vertrag geregelt.
- In **Sachsen** soll die Aufgabe von der Landesdirektion Leipzig wahrgenommen werden[19].
- Das Landesverwaltungsamt in Halle soll in **Sachsen-Anhalt** EA sein.
- In **Schleswig-Holstein** soll für den EA eine Anstalt des öffentlichen Rechts in gemeinsamer Trägerschaft von Land, Kommunen und Wirtschaftskammern gegründet werden[20].
- Das Wirtschaftskammermodell soll in **Thüringen** zum Einsatz kommen. Dabei werden die Wirtschaftskammern sowie einige berufsständische Kammern als einheitliche Stellen im Sinne des VwVfG definiert und diese errichten eine oder mehrere gemeinsame Geschäftsstellen[21].

---

18 S. Gesetzentwurf zur Bildung Einheitlicher Ansprechpartner in Nordrhein-Westfalen (EA-Gesetz NRW) in Landtags-Drucksache 14/8947

19 S. Gesetz über den einheitlichen Ansprechpartner im Freistaat Sachsen in Landtags-Drucksache 4/14874)

20 S. Entwurf eines Gesetzes über die Errichtung einer Anstalt des öffentlichen Rechts »Einheitlicher Ansprechpartner Schleswig-Holstein« in Landtags-Drucksache 16/2750.

21 S. Art. 10 des Gesetzentwurfes eines Thüringer Gesetzes zur Umsetzung der Richtlinie 2006/123/EG des Europäischen Parlaments und des Rates vom 12. Dezember 2006 über Dienstleistungen im Binnenmarkt in Landtags-Drucksache 4/5278.

5.8. Konzeptionen in den Mitgliedstaaten – soweit dies bekannt ist

- Beim EA in **Frankreich** soll an die vorhandenen physischen Strukturen (»centres des formalités d'entreprise«) angeknüpft werden.
- Für den EA werden in den **Niederlanden** die bestehenden Internet-/Callcenterportale »Antwoord voor bedrijven«, die den Kontakt mit den zuständigen Behörden erleichtern, aber nicht deren Zuständigkeiten ersetzen sollen, fortentwickelt. Im Fokus stehe der Nutzer; übergeordnete Portalstrukturen und die per content-syndication vernetzten »Meta-Informationen« sollen deshalb auch auf Englisch angeboten werden.
- Für **Portugal** sollen die EA sowohl per Internet (»portal da empresa« auf portugiesisch und englisch) als auch physisch (11+1 regionale Anlaufpunkte) erreichbar sein.
- In **Schweden** soll es nur einen EA für das gesamte Land geben, wobei ein stark zentralisiertes, internet- und Help-desk-basiertes Grundkonzept zugrunde liegt. Dieses System werde es den Dienstleistern ermöglichen, notwendige Informationen zu rund 80 Verfahren auf allen Verwaltungsebenen zu finden. Weiterhin soll es möglich sein, mit den jeweils zuständigen Behörden über eine Messagebox zu kommunizieren.
- In **Tschechien** wird es ein System mit zentralem Webportal und 14 lokalen Büros bei den Handelskammern geben.

6. Normenprüfung

Diese Prüfung erfasst jede vom Staat originär ausgeübte oder vom Staat abgeleitete autonome Rechtssetzung. Denn durch das Normenscreening soll jede durch eine staatliche Hoheitsgewalt statuierte **Vorgabe für eine Dienstleistungstätigkeit ermittelt** werden und ggf. als berichtspflichtig gekennzeichnet und erforderlichenfalls als änderungsbedürftig erkannt werden. Dies bedeutet, dass neben Bund, Ländern und kommunalen Gebietskörperschaften auch alle übrigen Körperschaften des öffentlichen Rechts, insbesondere die Kammern (etwa die Industrie- und Handelskammern, die Handwerkskammern, die Steuerberaterkammern, die Rechtsanwaltskammern, die Architektenkammern, die Ingenieurkammern, die Wirtschaftsprüferkammern, die Landestierärztekammern), die Innungen, die Kreishandwerkerschaften, die Stiftungen des öffentlichen Rechts, die Universitäten sowie die Religionsgemeinschaften ihre Rechtsvorschriften einer Überprüfung zu unterziehen haben.

Um ein umfassendes und strukturiertes Vorgehen zu ermöglichen, entwickelte das Bundesministerium für Wirtschaft und Technologie ein **Prüfraster,** aus dem zusammen mit dem Bayerischen Landesamt für Statistik und Datenverarbeitung eine Webanwendung konzipiert wurde. Diese Datenbank steht unter dem Namen »Normen-Analyse-Online« (NormAn-Online) zur Verfügung. Auf Länderebene werden entsprechende Zugänge zu NormAn-Online mit Administratoren- und Prüferrechten in der Regel von den zuständigen Wirtschaftsministerien verwaltet. Damit kann zum einen der Prüfvorgang nebst Ergebnis dokumentiert werden, aber zum anderen erlaubt dieses System die Erstellung des in Art. 39 Abs. 1 in Verbindung mit Art. 9 Abs. 2 DLRL genannten Berichts an die EU-Kommission (s. auch Ziff. 4.5.4).

Es ist übrigens **nicht Ziel** der Normenprüfung, so viele Anforderungen des nationalen Rechts wie möglich zu rechtfertigen, sondern durch weitgehende Anpassung des nationalen Rechts, **echte Erleichterungen für den Dienstleistungsbinnenmarkt** zu erreichen.

Wer sich im Übrigen über die Ergebnisse der Normenprüfung in **Großbritannien** informieren will, kann sich eine diesbezügliche Tabelle über die Internetseite http://www.berr.gov.uk/whatwedo/europeandtrade/europe/services-directive/implementation/implementationupdates/page43431.html herunterladen.

7. Änderungsbedarf im Fachrecht

7.1 Umsetzung im Verwaltungsverfahrensgesetz

Die Umsetzung der wichtigsten verfahrensrechtlichen Vorgaben der DLRL an zentraler Stelle im **Verwaltungsverfahrensgesetz** reduziert den Regelungsaufwand erheblich. In den Fachgesetzen kann einfach auf die neu eingeführten Vorschriften im Verwaltungsverfahrensgesetz[22] verwiesen werden.

So erfüllt das seit dem 18. Dezember 2008 geltende Verfahren über eine einheitliche Stelle (vgl. Titel V Abschnitt 1a Verwaltungsverfahrensgesetz[23]) die Anforderungen der DLRL an die Verfahrensabwicklung über den EA. Es kann aber darüber hinaus **grundsätzlich für alle Verwaltungsverfahren** eingeführt werden. Die **Anordnung des Verfahrens über eine einheitliche Stelle** und die **Festlegung von Entscheidungsfristen** (vgl. § 42a Abs. 2 VwVfG – neu eingefügt durch das 4. VwVfÄndG) stellen allerdings **verfahrensrechtliche Regelungen** dar. Dies führt dazu, dass eine Anordnung zu diesen Punkten auf Bundesebene zwingend nur dann erfolgen muss, wenn Gesetze durch den Bund ausgeführt werden. In den Fällen, in denen dienstleistungsrichtlinienrelevantes Bundesrecht hingegen durch die Länder vollzogen wird, **kann** eine entsprechende Anordnung aus Zweckmäßigkeitsgesichtspunkten im Bundesrecht erfolgen. Den Ländern verbleibt in diesen Fällen regelmäßig eine **Abweichungsmöglichkeit**. Darüber hinaus sind im Verwaltungsverfahrensgesetz nun noch weitere Vorgaben der DLRL transformiert. Es wird dort ebenfalls der Anspruch auf elektronische Verfahrensabwicklung und umfangreiche Informations- und Auskunftsansprüche gegenüber der Verwaltung statuiert. Als neues Verfahrensinstrument ist zudem entsprechend der DLRL ein Regelungsmodell zur **Genehmigungsfiktion** in § 42a Abs. 1 Verwaltungsverfahrensgesetz (neu eingefügt durch das 4. VwVfÄndG) aufgenommen. Es bedarf jedoch bei der Genehmigungsfiktion als materiellrechtlicher Regelung im Fachrecht des Bundes einer Anordnung durch diesen, auch wenn der Vollzug durch die Länder erfolgt.

Die Abwicklung über eine einheitliche Stelle sowie die Genehmigungsfiktion müssen in einer Rechtsvorschrift angeordnet werden, d.h. im Fachrecht ist ein Verweis auf die diesbezüglichen Bestimmungen des Verwaltungsverfahrensrechts aufzunehmen.

---

22 S. Ziff. 4.3.3.

23 Die Umsetzung auf der Bundesebene ist erfolgt; bei den Ländern hingegen ist die fragliche Umsetzung noch **meist** in der parlamentarischen Beratung (vgl. § 1 des Gesetzentwurfes zur Änderung des **Bayerischen** Verwaltungsverfahrensgesetzes und anderer Rechtsvorschriften in Landtags-Drucksache 16/1251, Art. 1 des Entwurfes eines Gesetzes zur Änderung des **Bremischen** Verwaltungsverfahrensgesetzes in Landtags-Drucksache 17/700, Siebtes Gesetz zur Änderung des **Hamburgischen** Verwaltungsverfahrensgesetzes im GVBl. S. 113), Gesetzentwurf für ein Gesetz zur Änderung verwaltungsverfahrens- und verwaltungskostenrechtlicher Vorschriften in **Hessen** in Landtags-Drucksache 18/184, Entwurf eines Gesetz zur Änderung des Landesverwaltungsgesetzes und des Landesmeldegesetzes in **Schleswig-Holstein** in Landtags-Drucksache 16/2609, Art. 1 Gesetzentwurfes eines **Thüringer** Gesetzes zur Umsetzung der Richtlinie 2006/123/EG des Europäischen Parlaments und des Rates vom 12. Dezember 2006 über Dienstleistungen im Binnenmarkt in Landtags-Drucksache 4/4962.

Regelungen über die europäische Verwaltungszusammenarbeit (vgl. Ziff. 4.4.1) werden im Verwaltungsverfahrensgesetz ab dem 28. Dezember 2009 zur Verfügung stehen.

7.2. Verweise im Fachrecht

Beispiele auf **Verweise** im Fachrecht auf das Verwaltungsverfahrensgesetz bezüglich der **Anordnung der einheitlichen Stelle** finden sich derzeit etwa in

- Art. 6 Nr. 2 des 4. VwVfÄndG für das Steuerberatungsgesetz,
- Art. 8 Nr. 2 des 4. VwVfÄndG für die Handwerksordnung,
- § 64 Abs. 6 Satz 2 Bauordnung des Landes Sachsen-Anhalt für die Eintragung der Bauvorlageberechtigung[24]
- § 48 Abs. 4 Waffengesetz[25],
- § 36 Abs. 6 Sprengstoffgesetz[26],
- § 6b Gewerbeordnung[27],
- § 4a Wirtschaftsprüferordnung[28],
- § 20a Signaturgesetz[29].
- § 53a Abs. 1 Infektionsschutzgesetz[30]
- § 61 Abs. 6 Sächsisches Schieds- und Gütestellengesetz[31]
- § 3 Abs. 1 Satz 2 Sächsisches Markscheidergesetz[32]
- § 3a Abs. 1 Satz 1 Weiterbildungsgesetz Gesundheitsfachberufe[33]
- § 7a Gesetz über die staatliche Anerkennung von Diplom-Sozialarbeitern, Diplom-Sozialpädagogen und Diplom-Heilpädagogen im Freistaat Sachsen[34]
- § 35a Sächsisches Heilberufekammergesetz[35]
- § 27 Abs. 5 Landesjugendhilfegesetz[36]
- § 10 Abs. 3 Satz 1 Gesetz über den öffentlichen Gesundheitsdienst im Freistaat Sachsen[37]
- § 120a Abs. 2 Satz 7 Sächsisches Wassergesetz[38]
- § 6 Abs. 5 Gesetz über die Umweltverträglichkeitsprüfung im Freistaat Sachsen[39]

---

24 Vgl. Landtags-Drucksache 5/2017.
25 S. Art. 3 Abs. 5 des Vierten Gesetzes zur Änderung des Sprengstoffrechts in Bundesgesetzblatt I S. 2062.
26 S. Art. 1 des Vierten Gesetzes zur Änderung des Sprengstoffrechts in Bundesgesetzblatt I S. 2062.
27 Art. 1 des Gesetzes zur Umsetzung der Dienstleistungsrichtlinie im Gewerberecht und in weiteren Rechtsvorschriften in Bundesgesetzblatt I S. 2091.
28 Art. 3 des Gesetzes zur Umsetzung der Dienstleistungsrichtlinie im Gewerberecht und in weiteren Rechtsvorschriften in Bundesgesetzblatt I S. 2091.
29 Art. 4 des Gesetzes zur Umsetzung der Dienstleistungsrichtlinie im Gewerberecht und in weiteren Rechtsvorschriften in Bundesgesetzblatt I S. 2091.
30 Art. 2a des Gesetzes zur Umsetzung der Dienstleistungsrichtlinie im Gewerberecht und in weiteren Rechtsvorschriften in Bundesgesetzblatt I S. 2091.
31 Art. 3 Sächsisches Dienstleistungsrichtliniengesetz in Landtags-Drucksache 14/14785.
32 Art. 5 Sächsisches Dienstleistungsrichtliniengesetz in Landtags-Drucksache 14/14785.
33 Art. 7 Sächsisches Dienstleistungsrichtliniengesetz in Landtags-Drucksache 14/14785.
34 Art. 9 Sächsisches Dienstleistungsrichtliniengesetz in Landtags-Drucksache 14/14785.
35 Art. 11 Sächsisches Dienstleistungsrichtliniengesetz in Landtags-Drucksache 14/14785.
36 Art. 12 Sächsisches Dienstleistungsrichtliniengesetz in Landtags-Drucksache 14/14785.
37 Art. 13 Sächsisches Dienstleistungsrichtliniengesetz in Landtags-Drucksache 14/14785
38 Art. 14 Sächsisches Dienstleistungsrichtliniengesetz in Landtags-Drucksache 14/14785.
39 Art. 16 Sächsisches Dienstleistungsrichtliniengesetz in Landtags-Drucksache 14/14785.

- § 17 Abs. 4 Satz 4 Sächsisches Ingenieurkammergesetz[40]
- § 7a Abs. 1 Befähigungs-Anerkennungsgesetz Lehrer[41]
- § 3 Abs. 2 Sächsisches Dolmetschergesetz[42]
- § 1 Abs. 4 Thüringer Sammlungsgesetz[43]
- § 22 Abs. 6 Thüringer Bestattungsgesetz[44]
- § 34 Abs. 3 Thüringer Lehrerbildungsgesetz[45]
- § 11 Abs. 4 Thüringer Gesetz über Schulen in freier Trägerschaft[46]
- § 2 Abs. 6 Thüringer Gaststättengesetz[47]
- § 3 Abs. 4 Thüringer Gesetz über die Weiterbildung in den Fachberufen des Gesundheits- und Sozialwesens[48]
- § 2 Abs. 2 a, § 3 Abs. 2 a, § 7 Abs. 2 und § 30 Abs. 9 Thüringer Heilberufegesetz[49]
- § 3 Abs. 1 Thüringer Markscheidergesetz[50]
- § 65 Abs. 6 Thüringer Bauordnung[51]

Verweise im Fachrecht auf das Verwaltungsverfahrensgesetz bezüglich der Genehmigungsfiktion wird es z. B.

- für den Antrag auf Eintragung in die Liste der Bauvorlageberechtigten nach § 64 Abs. 3 Satz 2 Bauordung des Landes Sachsen-Anhalt (s. Fn. 24) und Art. 61 Abs. 5 Satz 8 Bayerische Bauordnung[52],

---

40 Art. 19 Sächsisches Dienstleistungsrichtliniengesetz in Landtags-Drucksache 14/14785.

41 Art. 20 Sächsisches Dienstleistungsrichtliniengesetz in Landtags-Drucksache 14/14785.

42 Art. 21 Sächsisches Dienstleistungsrichtliniengesetz in Landtags-Drucksache 14/14785.

43 Art. 3 Thüringer Gesetz zur Umsetzung der Richtlinie 2006/123/EG des Europäischen Parlaments und des Rates vom 12. Dezember 2006 über Dienstleistungen im Binnenmarkt in Landtags-Drucksache 4/5278

44 Art. 4 Thüringer Gesetz zur Umsetzung der Richtlinie 2006/123/EG des Europäischen Parlaments und des Rates vom 12. Dezember 2006 über Dienstleistungen im Binnenmarkt in Landtags-Drucksache 4/5278

45 Art. 5 Thüringer Gesetz zur Umsetzung der Richtlinie 2006/123/EG des Europäischen Parlaments und des Rates vom 12. Dezember 2006 über Dienstleistungen im Binnenmarkt in Landtags-Drucksache 4/5278

46 Art. 6 Thüringer Gesetz zur Umsetzung der Richtlinie 2006/123/EG des Europäischen Parlaments und des Rates vom 12. Dezember 2006 über Dienstleistungen im Binnenmarkt in Landtags-Drucksache 4/5278

47 Art. 9 Thüringer Gesetz zur Umsetzung der Richtlinie 2006/123/EG des Europäischen Parlaments und des Rates vom 12. Dezember 2006 über Dienstleistungen im Binnenmarkt in Landtags-Drucksache 4/5278

48 Art. 13 Thüringer Gesetz zur Umsetzung der Richtlinie 2006/123/EG des Europäischen Parlaments und des Rates vom 12. Dezember 2006 über Dienstleistungen im Binnenmarkt in Landtags-Drucksache 4/5278

49 Art. 14 Thüringer Gesetz zur Umsetzung der Richtlinie 2006/123/EG des Europäischen Parlaments und des Rates vom 12. Dezember 2006 über Dienstleistungen im Binnenmarkt in Landtags-Drucksache 4/5278

50 Art. 15 Thüringer Gesetz zur Umsetzung der Richtlinie 2006/123/EG des Europäischen Parlaments und des Rates vom 12. Dezember 2006 über Dienstleistungen im Binnenmarkt in Landtags-Drucksache 4/5278

51 Art. 16 Thüringer Gesetz zur Umsetzung der Richtlinie 2006/123/EG des Europäischen Parlaments und des Rates vom 12. Dezember 2006 über Dienstleistungen im Binnenmarkt in Landtags-Drucksache 4/5278

52 S. § 1 des Gesetzentwurfes zur Änderung der Bayerischen Bauordnung, des Baukammerngesetzes und des Denkmalschutzgesetzes in Landtags-Drucksache 16/375

- § 6a Gewerbeordnung (s. Fn. 27),
- § 10 Abs. 1 Satz 6 Handwerksordnung[53],
- § 18 Abs. 1 Satz 3 Signaturgesetz (s. Fn. 29)
- § 61 Abs. 6 Sächsisches Schieds- und Gütestellengesetz (s. Fn. 31)
- § 3 Abs. 1 Satz 3 Sächsisches Markscheidergesetz (s. Fn. 32)
- § 3a Abs. 1 Satz 2 Weiterbildungsgesetz Gesundheitsfachberufe (s. Fn. 33)
- § 10 Abs. 3 Satz 2 Gesetz über den öffentlichen Gesundheitsdienst im Freistaat Sachsen (s. Fn. 37)
- § 120a Abs. 2 Satz 6 Sächsisches Wassergesetz (s. Fn. 38)
- § 6 Abs. 5 Gesetz über die Umweltverträglichkeitsprüfung im Freistaat Sachsen (s. Fn. 39)
- § 19 Abs. 10 Sächsisches Architektengesetz[54]
- § 6 Abs. 3 Sächsisches Ingenieurgesetz[55]
- § 1 Abs. 4 Thüringer Sammlungsgesetz (s. Fn. 43)
- § 22 Abs. 6 Thüringer Bestattungsgesetz (s. Fn. 44)
- § 34 Abs. 3 Thüringer Lehrerbildungsgesetz (s. Fn. 45)
- § 3 Abs. 4 Thüringer Gesetz über die Weiterbildung in den Fachberufen des Gesundheits- und Sozialwesens (s. Fn. 48)
- § 3 Abs. 1 Thüringer Markscheidergesetz (s. Fn. 50)
- § 65 Abs. 3 letzter Satz Thüringer Bauordnung s. Fn. 51)

geben.

Regelungen zur **bundesweiten Geltung von Genehmigungen** werden beispielsweise in

- § 64 Abs. 6 Satz 1 Bauordnung des Landes Sachsen-Anhalt (s. Fn. 24) und Art. 61 Abs. 8 Bayerischer Bauordnung (s. Fn. 52)
- § 1 Abs. 3 Sächsisches Markscheidergesetz (s. Fn. 32) und § 1 Abs. 3 Thüringer Markscheidergesetz (s. Fn. 50)
- § 120a Abs. 3 Sächsisches Wassergesetz (s. Fn. 38), § 19 Abs. 5 Sächsisches Ingenieurkammergesetz (s. Fn. 40)

enthalten sein.

7.3. Anpassungen von Vorschriften

Anpassungen aufgrund sonstiger Anforderungen der DLRL sind z. B. erfolgt bzw. werden vorgenommen durch

- Neufassung des Öko-Landbaugesetzes durch Art. 1 des Gesetzes zur Anpassung von Vorschriften auf dem Gebiet des ökologischen Landbaus an die Verordnung (EG) Nr. 834/2007 des Rates vom 28. Juni 2007 über die ökologische/biologische Produktion und die Kennzeichnung von ökologischen/biologischen Erzeugnissen und zur Aufhebung der Verordnung (EWG) Nr. 2092/91 vom 7. Dezember 2008 (BGBl. I S. 2358), durch das das Niederlassungserfordernis von Kontrollstellen im Inland

53 Art. 2 des Gesetzes zur Umsetzung der Dienstleistungsrichtlinie im Gewerberecht und in weiteren Rechtsvorschriften in Bundesgesetzblatt I S. 2091.

54 Art. 17 Sächsisches Dienstleistungsrichtliniengesetz in Landtags-Drucksache 14/14785.

55 Art. 18 Sächsisches Dienstleistungsrichtliniengesetz in Landtags-Drucksache 14/14785.

(vgl. § 4 Abs. 1 Nr. 4) mittels § 4 Abs. 2 relativiert wird sowie § 65 Abs. 6 Sächsische Bauordnung[56],

- Art. 24 Abs. 1 Satz 2 Nr. 4 Baukammergesetz wegen Informationen und Kontaktdaten für Dienstleistungsempfänger und zuständige Behörden, die zur Verfügung gestellt werden (vgl. Fn. 52),
- § 37 Abs. 2 Satz 4 Sprengstoffgesetz (s. Fn. 26) sowie § 50 Abs. 2 Satz 4 Waffengesetz (s. Fn. 25) zu den Gebühren für bestimmte Amthandlungen,
- § 4 Gewerbeordnung in Bezug auf grenzüberschreitende Dienstleistungserbringung (s. Fn. 27).
- § 7 Abs. 1 Nr. 1 Sächsisches Gesetz über die Presse[57].

56 S. Art. 2 Sächsisches Dienstleistungsrichtliniengesetz in Landtags-Drucksache 14/14785.

57 S. Art. 1 Sächsisches Dienstleistungsrichtliniengesetz in Landtags-Drucksache 14/14785.

8. Zusammenfassende Thesen

8.1. Lissabon Strategie

Die DLRL ist ein wichtiges Element der sog. **Lissabon-Strategie** und soll die nationalen Beschränkungen für Dienstleistungen im Binnenmarkt eliminieren. Mit dem in Lissabon deklariertem Programm ist beabsichtigt, die EU bereits bis zum kommenden Jahr zum wettbewerbsfähigsten und dynamischsten wissensgestützten Wirtschaftsraum der Welt zu etablieren. Es erscheint zweifelhaft, ob angesichts der derzeitigen **Wirtschaftskrise** diese ehrgeizige Zielsetzung zu erfüllen sein wird.

8.2. Ausnahmetatbestände

Die zahlreichen **Ausnahmetatbestände**, die dazu führen, die DLRL nicht anzuwenden, lassen eine durchgehend klare Struktur vermissen. Vielmehr kann die Nichtanwendbarkeit der DLRL nur z. T. durch sachliche Erwägungen erklärt werden. Ein Teil ist schlichtweg auf die Lobbyarbeit von Verbänden zurückzuführen. Ob sich die Herausnahme bestimmter Dienstleistungsbereiche in der Folgezeit nicht eher als Nachteil herausstellen wird, weil beispielsweise damit die Möglichkeit, ein Verfahren über den EA durchzuführen, jedenfalls wegen der beabsichtigten Prioritätensetzung ausscheidet, bleibt abzuwarten. Gleichwohl bleibt es den Mitgliedstaaten unbenommen, die neuen Instrumente der DLRL auch über deren Anwendungsbereich hinausgehend anzuordnen.

8.3. Umsetzung der Anforderungen

Die **Umsetzung der Anforderungen** der DLRL vor allem bei Genehmigungsregelungen ist zum einen aufgrund der Ergebnisse der Normprüfungen vorzunehmen. Zum anderen bedarf es der Verweise im Fachrecht auf das Verwaltungsverfahrensgesetz für die Anordnung der Verfahrensabwicklung über die einheitliche Stelle und der Genehmigungsfiktion. Darüber hinaus müssen insbesondere die elektronische Infrastruktur (entsprechende Portale, Vernetzung der EA mit den zuständigen Stellen, aber auch die Vernetzung der EA miteinander) bereitgestellt werden. Dabei wird dem **Behördenfinder** Deutschland, dem ein einheitlicher Leistungskatalog zugrundeliegt, bei der IT-mäßigen Umsetzung der DLRL eine wichtige Rolle beigemessen. Denn unter www.behoerdenfinder.de erhalten Nutzer bequem und einfach zahlreiche Informationen von Behörden und Ämtern, ohne dass Kenntnisse der Behördenstrukturen von Bund, Ländern und Kommunen erforderlich sind. Gleichzeitig bietet die Zurverfügungstellung der elektronischen Infrastruktur die Chance, im Bereich des **E-Government**[58] entscheidende Schritte voran zu kommen.

Im Rahmen der institutionellen Normprüfung sind die Anforderungen der DLRL für den Erlass zukünftiger nationaler Rechtsvorschriften zu berücksichtigen, beispielsweise durch Anpassung der Geschäftsordnung für die Landesregierung.

---

58 Vereinfacht als elektronisches Verwaltungshandeln zu definieren (s. hierzu Entwurf eines E-Government-Gesetzes für das Land Schleswig-Holstein in Landtags-Drucksache 16/2437).

Alles in allem handelt es sich um ein **anspruchsvolles Gesamtprojekt**, das durch die zahllosen Facetten auf allen Ebenen koordiniert werden muss und das sämtlichen Beteiligten konstruktive Zusammenarbeit abverlangt.

8.4. Umsetzungsfrist

Die auf den **28. Dezember 2009** durch Art. 44 Abs. 1 Satz 1 DLRL festgelegte Umsetzungsfrist ist angesichts des Umfangs des Anpassungs- und Änderungsbedarfs denkbar knapp bemessen, zumal das Jahr 2007 und ein Teil des Jahres 2008 benötigt wurden, um die Thematik aufzubereiten und zu strukturieren. Es wird wahrscheinlich kaum gelingen, alle Anforderungen der DLRL in optimal wünschenswerter Weise in nationales Recht zu transformieren. Realistisch betrachtet ist von einem weiterhin andauernden Prozess auszugehen, der auch über die Umsetzungsfrist hinausgehen dürfte.

9. Stichwortregister

L

M

N

O

P

Q

R

S

T

U

V

W

Z